Georg Kühlewind
Gesunden im Licht

GES

Di

VE

ja nicht einfach um Zwischenmenschliches, wenn der Herr heilt, sondern um den Sinn unseres Daseins. Um dem Verständnis dessen näher zu kommen, was in diesen Vorgängen geschieht, verwenden wir einerseits das Meditieren, andererseits blicken wir auf unsere Erfahrungen und Kenntnisse über die «offenen» Menschen, die von der geistigen Welt und von anderen Menschen nicht so abgeschirmt und abgetrennt sind wie die meisten von uns (s. Kap. I.2). Das sichere Zeichen für die Unabgetrenntheit des Herrn finden wir in den Schilderungen um sein Wissen, was in der Seele anderer vor sich geht (Mt 9,4; 12,25; 16,8; Mk 2,8; Lk 5,22; 6,8; 7,39-40; 9,47; 11,17; J 2,25; 6,61; 6,64). Offenheit für die Seele anderer Menschen ist zugleich Offenheit zur geistigen Welt. Der Text spricht von der Offenheit der Himmel bei der Taufe Jesu (Mt 3,6; Mk 1,10; Lk 3,21; J 1,52); die Himmel jedoch sind immer offen, nur der Mensch kann nicht-offen sein. Offenheit bedeutet bei uns die Möglichkeit, eine Eingebung, eine Intuition, eine neue Idee zu empfangen; wer gänzlich offen ist, bei dem ist das Dauerzustand. Dass der Logos, die Schöpferkraft Gottes ihm innewohnt (J 1,14), gibt Jesus die Kraft (Dynamis) zu heilen.

Die Heilungen geschehen, indem zumindest für einen Augenblick das Bewusstsein des Kranken (oder seines Vertreters) in die Überbewusstheit gehoben wird, wo keine Formen sind, damit dort die Dynamis (s. 2. Besinnung/Meditation) empfangen werden kann, um die kranken Formen zurechtzurücken.

1. Besinnung: Sind wir geboren, um krank zu werden? um zu sterben? Das hieße, dass unser Leben keinen Sinn, keine Mission oder Bedeutung hat. Etwas in den Tiefen der Seele protestiert gegen diesen Gedanken.

1. Meditation: Der Sinn unseres Lebens ist nicht durch Worte zu benennen.

Einführung

Wir finden in den Evangelien Berichte über einzelne individuelle Heilungen und Hinweise auf die allgemeine heilende Tätigkeit des Herrn. Matthäus beschreibt sechzehn individuelle Heilungen und fünf allgemeine heilende Tätigkeiten, bei Markus sind diese Zahlen fünfzehn und drei, bei Lukas siebzehn und vier, während im Johannesevangelium nur insgesamt vier individuelle Heilungen – allerdings sehr ausführlich – erzählt werden. Beispiele für die allgemeine heilende Tätigkeit finden wir bei Mt 4,23; Mk 3,10.

Die in den Einzelberichten beschriebenen Heilungen würden heute alle als psychosomatische Phänomene eingeschätzt werden; sie geschehen entweder durch die Berührung des Herrn, manchmal bloß seiner Kleidung, oder aber (und) durch sein Wort. Höchst selten wird Stoffliches angewendet und dann auch nicht als Medizin, sondern eher symbolhaft oder als Hilfsmittel für die Aufmerksamkeit des Kranken (J 9,6; Mk 7,23; 8,23). Daher sollen in den ersten Kapiteln die Möglichkeiten der Psychosomatik beschrieben werden. Bei je vier der bei Matthäus, Markus und Lukas beschriebenen individuellen Heilungen geht es um die Austreibung von unreinen Geistern. Im Johannesevangelium werden Heilungen dieser Art nicht erwähnt.

2. *Besinnung:* Die heilende Kraft des Herrn wird oft mit dem Wort DYNAMIS bezeichnet (Mk 5,30; Lk 5,17; 6,19; 8,46). Das griechische Wort bedeutet Vermögen, Kraft, Fähigkeit, Fertigkeit, Talent, Geltung, Wert und Bedeutung. Z.B.: Die «Kraft» des Wortes oder Satzes ist seine Bedeutung DYNAMIS. Das Verb DYNAMAI bedeutet können, fähig sein, gelten, ausmachen und bedeuten. Versuchen wir zusammenzudenken «Kraft-Bedeutung».

2. *Meditation:* Die Kraft des Wortes ist sein Sinn.

I. Psychosomatik

Menschenkundliche Grundlagen

Aus Sicht der geisteswissenschaftlichen Menschenkunde gibt es drei Wege, wie das Seelische das Funktionieren der Leiblichkeit beeinflussen kann: a) durch den Empfindungsleib (Seelenleib), der sich im vegetativen Nervensystem darstellt; b) durch den Ich-Leib (Ego-Leib), der auch durch das vegetative Nervensystem auf die Leiblichkeit wirkt, und c) durch das wahre Ich oder Selbst, das mit der Leiblichkeit nicht innerlich verbunden ist, sondern wie von außen auf sie wirken kann.

1. Der Empfindungsleib

Der Empfindungsleib ist ein Mechanismus, durch den das seelische Befinden verändernd auf die körperlichen Funktionen einwirkt, ohne dass das Bewusstsein einen Einfluss darauf hat. Erlebt sich die Seele z.B. in Gefahr (ganz gleich ob diese real ist oder nicht), so verändern sich wie automatisch eine Reihe von körperlichen Funktionen: die Chemie des Blutes und des Gehirns, der Blutdruck und der Puls, Geschwindigkeit und Tiefe des Atmens usw. Wir finden dieses Phänomen auch bei Tieren, nur ist die Wirkungsweise des Empfindungsleibes bei diesen an die Wahrnehmung (der Umgebung) gebunden, während beim Menschen auch seine Fantasie, seine Einbildung ein Wirksam-Werden des Empfindungsleibes auslösen kann. Sowohl beim Menschen als auch bei höheren Tierarten ist assoziative Konditionierung möglich. Der Empfindungsleib funktioniert immer im Sinne der biologischen Gesundheit, gemäß dem Ziel, das biologische Leben in seiner Funktionalität zu sichern. Der Mensch kann im Allgemeinen die erwähnten Veränderungen in seiner Biologie bewusst weder hervorrufen noch verhindern. Obwohl durch den Empfindungsleib seelische Zustände auf die Leiblichkeit wirken, rechnet man diese Phänomene heute nicht zur Psychosomatik.

2. Der Ich-Leib

Wenn jemand gefragt wird, wo er ist, wird die Antwort höchstwahrscheinlich «hier» lauten, und damit ist gemeint, wo die Leiblichkeit ist. Das bedeutet, dass man sich in der Leiblichkeit erlebt, als identisch mit ihr. Dieser Zustand ist nicht von Anbeginn des Erdenlebens da, was sich u.a. darin zeigt, dass das Kleinkind anfangs in dritter (manchmal in zweiter) Person über die «eigene» Leiblichkeit spricht. Mit einem kurzen Übergang (heute etwa im Alter von 18 Monaten) wechselt es in die erste Person und verwendet die entsprechenden Fürwörter für die erste Person Singular. Diese Entwicklung ist ein Wendepunkt im Leben des Kindes, sie bedeutet, dass die Abtrennung des Bewusstseins vom fühlenden Miterleben der menschlichen und sonstigen Umgebung einen gewissen Grad erreicht hat. Dass dies bis dahin nicht der Fall war, kann man leicht erkennen, wenn man sich die Frage stellt, woher und wie das Kind die Bedeutungen der hörbaren und sichtbaren Zeichen der Sprache (Wörter und Gebärden) kennen lernt. Man erklärt dem Kind nichts, es würde die Erklärungen auch gar nicht verstehen. Die einzige Lösung dieses Rätsels, die die Entwicklungspsychologie bislang vorgeschlagen hat, ist, dass das Kleinkind in seinem erkennenden Fühlen die Bewusstseinsinhalte der Umgebung miterlebt. Dieses Miterleben wird mit der Zeit schwächer, und der genannte Wendepunkt («Erinnerungspunkt» genannt, weil man sich gewöhnlich bis zu diesem Zeitpunkt zurückerinnert) ist zugleich das Alter, ab dem das erkennende Fühlen, das nicht-dualistische Miterleben der Welt nur noch schwach und nur gelegentlich funktioniert.[1]

Die Abtrennung vom Miterleben der Welt kann wie das Zustandekommen einer Hülle oder eines Mantels vorgestellt werden. Dies ist natürlich nur ein Bild für etwas, das gar nicht räumlich ist, und es ist auch nicht ganz passend, denn die entstandene Autoperzeption (Propriozeption) – so wird das Phänomen in der Psychologie genannt – erstreckt sich auch auf das Innere der Leiblichkeit, falls dort etwas nicht gesund funktioniert (z.B. schmerzt). Diese «Selbstwahrnehmung» oder «Körpererfahrung» ist eigentümlicherweise nicht-erkennend: Man nimmt die Leiblichkeit nicht im anatomischen Sinne wahr, es ist nur eine mehr oder weniger lokalisierbare Empfindung. So erlebt man beispielsweise beim Kopfweh Schmerzen im Schädel, aber das informiert uns nicht über die Beschaffenheit des Gehirns. Ebenso spürt man Schmerz oder Reiz beim Husten, ohne etwas über die Lunge oder die Bronchien zu erfahren.

Diese Hülle ist auch mit der Egoität verwandt, das Mich-Empfinden ist der erste Keim dazu. Zugleich wird das Mich-Empfinden auch wahrgenommen, und das bildet den Anfang des Selbstbewusstseins, das aber zunächst nicht das Selbstbewusstsein des Beobachters zu sein scheint, sondern unlogischerweise auf die beobachtete Empfindung übertragen wird, als ob jemand sich mit seinem beobachteten Spiegelbild verwechselte – dieser Vergleich wird von etlichen Autoren gebraucht.

Das Mich-Empfinden und das damit verbundene Selbstbewusstsein bilden den Kern dessen, was man den *unteren Menschen* oder Gewohnheitsmenschen oder Erinnerungsmenschen zu nennen pflegt, im Sinne der Vorstellung, das Ich oder Selbst wäre die Gesamtheit der Erfahrungen, Erinnerungen, Gewohnheiten, Gelehrtheiten. Diese Bildungsgestalt kann auch Ich-Leib[2] genannt werden, da sie aus lauter Formen besteht. «Vergessen» wird dabei, dass Erfahrungen, Erinnerungen usw. immer und von Anfang an ein Subjekt voraussetzen, dessen Erfahrungen, Erinnerungen usw. sie sind.

Der Ich-Leib kann auch psychosomatisch funktionieren, meistens im negativen Sinne. Er kann Unpässlichkeiten und auch Krankheiten verursachen. In der Medizin wird meistens diese Wirkung der Psychosomatik zugerechnet. Sie zeigt sich in Leidenschaften und Abhängigkeiten (Alkohol, Drogen usw.), die sich ohne Rücksicht auf die biologische Gesundheit geltend machen, ja ihr meistens geradezu entgegenwirken. Was man menschliches «Instinktwesen» nennt, ist damit identisch.

Hinter der Entwicklung des Mich-Empfindens steht ein Menschenbild, das man in spirituellen Traditionen wiederfindet.

3. Besinnung: Was ist der Unterschied von Empfindungsleib und Ich-Leib? Auch im Erleben.

3. Meditation: Wessen Spiegelbild ist das beobachtbare Vorstellungs-Ich?

3. Das geistige Wesen des Menschen

Nach den Beobachtungen der neueren Kinderpsychologen sind Kinder von Anfang an Individualitäten. Das Individuelle zeigt sich darin, dass sie sehr selektiv nachahmen und auf Einwirkungen individuell antworten (Resilienz). Neben Vererbung und Umwelteinflüssen ist die Individualität der dritte Faktor, der das Leben leitet.

Um den Begriff «geistiges Wesen» leichter bilden zu können, verweisen wir auf den Begriff «Bedeutung». Ein Wort z.B. besteht aus dem Zeichen auf der einen (akustisch oder visuell, das Sinneswahrnehmbare am Wort) und aus der Bedeutung auf der anderen Seite. Letztere ist nie durch die Sinne wahrzunehmen. Wenn wir die Frage stellen, woraus eine Bedeutung gemacht ist, woraus sie besteht, so ist leicht einzusehen, dass sie aus keinerlei Stofflichkeit besteht (weder aus einem festen noch aus einem flüssigen noch aus einem gasförmigen Stoff und aus keinerlei Elementarteilchen oder Ähnlichem), sie ist eine geistige Form. Solche Formen sind einerseits nicht stofflich, andererseits sind sie sinnvoll, d.h. sie sind eben Bedeutungen und können verstanden werden (was verstanden wird, sind nie die sinnlich wahrnehmbaren Zeichen). Insofern der Mensch fähig ist, Bedeutungen zu verstehen, verfügt er offenbar über eine Sinn-Möglichkeit von ähnlicher Qualität wie die Bedeutungen, nur dass diese geformt sind, während die Fähigkeit, Bedeutungen zu verstehen, formfrei ist. So kann sie in jedwede Bedeutungsform hineingegossen und ihr eingepasst werden, um die Form zu verstehen. Was nicht stofflich ist, kann durch Stoffliches weder wahrgenommen noch verstanden werden. Der Mensch versteht und schafft Bedeutungen durch sein geistiges Wesen.

Das geistige Wesen des Menschen zeigt sich in den *überbewussten* Funktionen des Bewusstseins und in den kommunikativen Funktionen der Leiblichkeit. So ist z.B. der *Vorgang* des Denkens überbewusst; d.h. wir wissen nicht, wie wir denken, wohingegen wir sehr genau wissen, wie wir unsere Schuhe putzen. Wir erfahren auch das Wie vieler biologischer Prozesse nicht, doch urständet unsere bewussteste Seelenfunktion, das Denken, nicht in ihnen. Ebenso wenig wissen wir, wie wir wahrnehmen, d.h. wir erleben nicht den Prozess, wie die Wahrnehmung entsteht, sondern das Ergebnis des Vorganges: die Wahrnehmung, das Wahrgenommene.

Das Nicht-Erfahren ist nicht in Bezug auf die physiologischen, nervlichen, chemischen usw. Grundlagen der erwähnten Prozesse gemeint. Diese sind Folgen der Bewusstseinsprozesse, sekundäre Phänomene, wenn vielleicht auch nicht sekundär im zeitlichen Sinne. Ein Beispiel: Nehmen wir an, wir könnten feststellen, was im Gehirn (oder wo auch immer im Körper) passiert, wenn wir etwas verstehen. Diese Feststellung könnte nur stattfinden anhand der Bewusstseinserfahrung, wie wir sie gewöhnlich haben: ich verstehe. Und wenn im Gehirn eine kleine grüne Lampe aufleuchtete, wenn wir etwas Wahres denken oder sagen, so könnten wir doch nur durch einen Rekurs auf das Bewusstsein wissen, was dieses Signal bedeutet. Das Bewusstsein allein könnte uns «sagen», was zugleich mit dem Aufleuchten der Lampe geschieht.

Die Bewusstheit urständet im Überbewussten. Weil dieses eben nicht bewusst ist, erlebt der Mensch normalerweise z.B. seine Fähigkeiten als solche nicht, sondern nur ihre Produkte. Die zentrale Fähigkeit des Menschen ist die Aufmerksamkeit. Doch auch sie wird nicht in sich erfahren – nur ihre Objekte.

Die Überbewusstheit betrifft auch die körperlichen kommunikativen Fähigkeiten, deren Prototyp das Sprechen ist. Wir wissen nicht, wie wir sprechen, kennen die komplizierten Bewegungen der Sprachorgane nicht, kennen den Sinn unserer Rede erst, wenn er schon in einer Sprache in Worten erscheint, obwohl er überbewusst schon da sein muss, damit wir die Sprache und in ihr die Wörter (und grammatischen Formen) wählen können, wobei diese «Wahl» auch überbewusst vor sich geht.

Obwohl die Fähigkeiten zweifellos *wirklicher* (wirksamer) sind als ihre Produkte, erleben wir sie nicht. Sie sind im Unterschied zu ihren Produkten formfrei, eben deshalb sind neue Produkte möglich. Die Fähigkeit zu dichten ist die Quelle der Gedichte, also logischerweise wirklicher als diese, dennoch wird sie als solche nicht erfahren.

4. Besinnung: Woher wissen wir über das Überbewusste? Was heißt «Wirklichkeit», wenn wir den wirksamen Teil unseres Wesens, die Fähigkeiten, nicht erfahren?

4. Meditation: Die uns gegebene bewusste «Wirklichkeit» erfahren wir durch überbewusste Fähigkeiten und Prozesse. Ist das überhaupt Erfahrung?

4. Die Verbindung des geistigen Wesens mit der vererbten Leiblichkeit

Es folgt aus der Natur des Problems, dass wir über die Verbindung der zwei Teile des Menschenwesens, besonders was den Lebensanfang betrifft, sehr wenig wissen. Die intuitive (meditative) Forschung zeigt uns einiges; und das kann größtenteils durch Beobachtungen von außen bestätigt werden. So kann man im Leben des Kleinkindes zwei Phasen ziemlich gut unterscheiden: die Zeit vor und nach der Entwicklung der Autoperzeption.

Vor dem Wendepunkt (Auftauchen der Fürwörter für

die erste Person) ist die Leiblichkeit für das sprechende (und natürlich fühlend-wollende) Geistwesen fast wie ein anderes Ding – daher wird über sie in der dritten Person gesprochen. Das sprechende Wesen ist das Geistwesen. Es benutzt zwar die Leiblichkeit zum Sprechen und zum Wahrnehmen, fühlt sich jedoch mit dieser nicht identisch. Wenn die «Selbstwahrnehmung» entsteht – unter «Selbst» ist hier die Empfindung der Leiblichkeit gemeint –, so bewirkt das verschiedene Veränderungen im Bewusstseinsleben.

Vor allem kommt eine Art Selbstbewusstsein zustande, das sich in der Verwendung der genannten Fürwörter zeigt; es gibt noch andere Zeichen in der Sprache, die nach der Wende erscheinen: so die Verhältniswörter (wie, vielleicht, doch usw.), die nicht bildhaft sind und nicht auf etwas sinnlich Wahrnehmbares hinweisen.

Es beginnt das Beherrschen der leiblichen nicht-kommunikativen Bewegungen (die kommunikativen wie Blickkontakt, Lächeln, Sprechen, Körpersprache sind schon vor dem Wendepunkt zu beobachten). Gezielte Bewegungen der Gliedmaßen setzen das empfindende (nicht anatomische) Wahrnehmen der Gliedmaßen voraus. Die jeweilige Lage des Körpers wird empfunden, das Anstoßen an Gegenstände im Raum hört auf.

Es entwickelt sich ein lokaler Schmerzsinn, wodurch es dem Kind möglich wird zu zeigen, an welchem Körperteil es schmerzt. Bekanntlich ist das vorher nicht möglich: Das Kind scheint jeden Schmerz im Bauch zu empfinden.

Es beginnen die Körpersinne überhaupt oder sicherer und bewusster gebraucht zu werden. Neben dem erwähnten Eigenbewegungssinn treten der Tastsinn, die Wärmeempfindung und der Gleichgewichtssinn mehr und mehr in Funktion. Der Zusammenhang dieser Sinne mit dem abtrennenden «Mantel» wird an den Fällen klar ersichtlich, wo diese Sinne nur mangelhaft ausgeprägt oder gar nicht entwickelt sind (Autismus, bestimmte Typen der Legasthenie und andere Abweichungen von der so genannten «normalen Entwicklung»).

Infolge der beschriebenen Veränderung im Verhältnis des Geistwesens zur Leiblichkeit wird das erkennende Fühlen (wie schon erwähnt) abgeschwächt und hört – eventuell unterbrochen von mehr oder weniger kurzen Perioden erneuter Wirksamkeit – dann ganz auf. Dagegen steigert sich das Selbstempfinden der Leiblichkeit, nun auch im seelischen Bereich, wo es als Egoität bekannt wird. Sie ist der Kern des Ich-Leibes und damit auch der meisten negativen Emotionen (nicht-erkennenden Gefühlsformen), wie Ärger, Neid, Eifersucht usw., und sie ist die Quelle von Konflikten, die immer emotionsgeladen sind (sonst bezeichnet man sie nicht als Konflikte).

Generell kann man sagen, dass durch die Entwicklung der Autoperzeption das nicht-dualistische Miterleben der Welt aufhört und damit auch das «gemeinsame Bewusstsein», das es dem Kind ermöglichte, die Bedeutungen der Wörter und der grammatischen Formen unvermittelt, zeichenlos erkennend zu erfühlen.

5. *Besinnung:* Was ist der Unterschied zwischen dem kommunikativen und dem nicht-kommunikativen Gebrauch der Leiblichkeit? Wo ist die Aufmerksamkeit bei der kommunikativen Verwendung des Körpers?

5. *Die Metamorphosen der Aufmerksamkeit*

Abgesehen von der Wirksamkeit des Empfindungsleibes (der im vegetativen Nervensystem in Erscheinung tritt) erschöpft sich das geistig-seelische Leben des Kindes in einer Hingegebenheit an die Welt. Unter «Welt» werden die Sinneswahrnehmbarkeit, die seelische Welt der menschlichen Umgebung und auch die geistige Welt als Quelle der Intuitionen beim Erwachsenen und als gemeinsame Quelle der überbewussten Fähigkeiten des Menschen (z.B. der Gemeinsamkeit des Denkens) verstanden. Obwohl die verschiedenen Sprachen das kindliche Denken gestalten und beeinflussen, ist Übersetzung von einer in andere Sprachen (wenn auch mit Einschränkungen) möglich, und in der westlichen Zivilisation emanzipiert sich das Denken früh von der Muttersprache, von der Sprache überhaupt.

Die Fähigkeit zur Hingabe ist gesteigerte Aufmerksamkeit. Beim Erwachsenen beschränkt sich die Hingabe größtenteils auf besondere Begebenheiten, wie das künstlerisch-ästhetische Erleben, das spezielle Interesse für ein Thema oder berufliche Tätigkeiten. In allen diesen Fällen wird die Hingabe von dem so genannten Selbstvergessen begleitet, d.h. in der Hingabe wird das Mich-Empfinden (kurz: das Mich) ausgelöscht. Beim Kleinkind dominiert dieser Zustand, da das Selbstempfinden erst nach und nach erscheint. Beim Erwachsenen oszilliert die Aufmerksamkeit im Alltag sehr schnell zwischen den Objekten und dem Mich(-Empfinden).

Wenn man das beim Erwachsenen beobachtet (was unschwer möglich ist), lassen sich im Strom (im Andauern) der Aufmerksamkeit zwei Komponenten unterscheiden. Die eine ist diejenige, die das jeweilige Objekt (für gewöhnlich kurz) wahrnimmt. Dies ist auch eine momentane Hingabe, ein Selbstvergessen, das man wegen seiner Kürze nicht bewusst erlebt. Man kann dennoch sagen, dass in jeglichem, auch im innerlichen Objekt-Wahrnehmen, die Aufmerksamkeit mit dem Wahrgenommenen identisch wird, so wie der Zuschauer im Theater sich mit der Handlung identifiziert, oder auch so wie wir, um den Gedanken eines anderen zu verstehen, mit unserem Denken in die Form jenes Gedankens hineinschlüpfen, anders ausgedrückt, uns mit ihm identifizieren müssen. Diese Fähigkeit, sich mit etwas zu identifizieren, mit ihm identisch zu werden, ist die eine Komponente der Aufmerksamkeit. Zugleich wissen wir bei jeglicher Erfahrung, ohne darüber nachzudenken, dass sie unsere Erfahrung ist, dass wir (was immer wir darunter verstehen) das Subjekt der Erfahrung sind: Es ist ein implizites Wissen. Die Komponente der Aufmerksamkeit, die zu diesem Wissen verhilft, kann man die *zeugende* nennen. Man könnte meinen, diese wird nicht zum Objekt, macht die Metamorphose nicht mit. Der Zeuge scheint zunächst mit dem Mich(-Empfinden) identisch zu sein. In der Erfahrung des tiefen Selbstvergessens jedoch ist der implizite Zeuge auch anwesend; sonst könnten wir, aus dem Selbstvergessen zurückgekehrt, nicht berichten, was im Selbstvergessen erlebt wurde, und zwar umso genauer, je tiefer das Selbstvergessen war. Das zeigt, dass der Zeuge nicht mit dem Mich oder Alltags-Ich identisch ist.

Beim Kleinkind sind diese zwei Komponenten vor dem Wendepunkt gar nicht getrennt. Mit anderen Worten: Die Welt wird nicht dualistisch – im Subjekt-Objekt-Verhältnis – «erfahren», sondern in einer Art Einssein mit ihr, sodass man überhaupt fragen kann, ob das «Erfahrung» ist. Jedenfalls wird dieser Teil des Lebens meistens nicht erinnert, da die zeugende Komponente der Aufmerksamkeit von der anderen nicht getrennt ist, also eigentlich kein Zeuge da ist.

Die neue Kindergeneration[3] unterscheidet sich von dem oben Beschriebenen darin, dass das Selbstbewusstsein sehr früh – noch vor dem Wendepunkt – auftritt und dadurch auch die Fähigkeit gegeben ist, sich an Geschehnisse zu erinnern, die vor dem Wendepunkt liegen.

Die Trennung der zwei Komponenten erfolgt offensichtlich im Wendepunkt; daher wird er auch Erinnerungspunkt genannt, von da ab ist ein Zeuge anwesend. Die erkennend-fühlende Komponente wird stark reduziert, weil sie sich größtenteils in ein Mich-Gefühl (Autoperzeption) umwandelt, eine Form (Ich-Leib) wird und dadurch ihre Fähigkeit, in jedwedes Objekt einzuströmen und es zu erkennen, einbüßt. Der trennende Mantel besteht zunächst aus derjenigen Komponente der Aufmerksamkeit, die sich früher fühlend mit dem jeweiligen Objekt identifizierte. In der Folge werden der Gewohnheitsgestalt Motive des Denkens und Wollens einverwoben, und das Ganze bildet, was man in der Psychologie das Unterbewusste nennt. Dieses besteht aus zähen, schwer auflösbaren Formen,[4] während das Überbewusste – der Fähigkeitsmensch – sich in formfreien Arten der Aufmerksamkeit darstellt, z.B. in der denkenden, der sehenden oder der hörenden Aufmerksamkeit. Die unterbewusste Gewohnheitsgestalt gehört zum Ich-Leib. Sie wird als möglicher Auslöser der psychosomatischen Erkrankungen angesehen.

Die Abtrennung hat zwei Gesichter. Einerseits sichert sie dem Menschen eine erste vorläufige Selbstständigkeit, sie koppelt ihn von der Welt ab, und dadurch kommt auch das vorläufige, meistens egoistische Selbstbewusstsein zustande. Andererseits kann das sowohl für den Menschen wie für die Welt verderblich werden – diese Gefahr erleben wir, da durch die Trennung auch das wahrhafte Erkennen des Menschen und der Welt gefährdet ist. Ist die Trennung unvollständig, so entsteht wiederum eine doppelte Wirkung. Das Positive daran kann Offenheit genannt werden (s. Einstimmung), und das bedeutet Fähigkeiten – Offensein für Intuitionen, Eingebungen. Zugleich aber haben «offene», d.h. weniger als der Durchschnitt von dem erkennend-fühlenden Einssein abgeschnittene Menschen heutzutage in mehrerer Hinsicht Schwierigkeiten: Sie können den intellektuellen Anforderungen nur mit Mühe oder gar nicht entsprechen, und durch das Fehlen des dichten abtrennenden und dadurch auch schützenden Mantels sind sie besonders anfällig für leichte und schwere seelische Erkrankungen. In deren Symptomen ist meistens der Versuch erkennbar, die Ungeschütztheit und Überempfindlichkeit zu kompensieren.

5. *Meditation:* Ich vergesse mich in der Hingabe.

6. *Das wahre Ich oder Selbst*

Das geistige Wesen des Menschen erscheint im Leben als die überbewusste Fähigkeit der Aufmerksamkeit, des inneren Lichtes. Ohne spezielle Ausbildung wird die Aufmerksamkeit als solche, d.h. formfrei, objektfrei, «leer», nicht erfahren. Gelangt sie durch Bewusstseinsschulung zur Erfahrung, so wacht das wahre Selbst, das wahre Ich, das wie schlafend im Aufmerksamkeitsstrom anwesend ist, auf. Dadurch dass es – wenn auch nicht selbstbewusst – stets anwesend ist, wissen wir, dass jegliche Erfahrung die unsrige ist. Im Aufwachen wird sich das Geistwesen seiner selbst bewusst – anstatt der Objekte, wie üblicherweise. Diese Erfahrung ist in unterschiedlichen Qualitäten möglich: Es kann sich die denkend-vorstellende, die erkennend-fühlende oder die erkennend-wollende Aufmerksamkeit erfahren. Dieses Erlebnis war und ist das primäre Ziel jeglicher spirituellen Tradition. Heute kann es Ich-bin-Erlebnis genannt werden. Im Neuen Testament wird, wer solches erfährt, als «Sohn des Lichtes» bezeichnet;[5] im Zen-Buddhismus wird dieselbe Erfahrung als «Sehen der Buddha-Natur» oder der «Eigen-Natur» (Aufmerksamkeit) erwähnt.[6] In jeder Tradition und auch heute besteht Bewusstseinsschulung in der grenzenlosen Steigerung der Aufmerksamkeit, beginnend jeweils in der Qualität, in welcher sie am bewusstesten und autonomsten ist, was heute in der westlichen Kultur die denkend-vorstellende Aufmerksamkeit ist.

Es wurde schon erwähnt, dass das wahre Selbst die Möglichkeit hat, auf die Leiblichkeit zu wirken, da es in der Selbsterfahrung leibunabhängig wird.

Was wir im Alltagsbewusstsein als Ich bezeichnen, kann als – meistens verzerrtes – Spiegelbild des wahren Ich aufgefasst werden. In den Heilungen im Neuen Testament muss dieses wahre Selbst des Kranken (oder seines Vertreters) aufblitzen oder berührt werden.

Zusammenfassung und Ergänzungen

Die Abtrennung von der Welt muss *bewusstseinsmäßig* geschehen, alles andere, z.B. die leibliche, ist gegeben. Daher wurde die Wirkung des Mantels als ein Prozess der Veränderungen im Bewusstsein beschrieben – der Mantel selbst ist auch nunmehr gestaltete, größtenteils fühlende (sich-fühlende) Aufmerksamkeit.

Die Trennung ist keineswegs absolut; in jeder Erfahrung hebt das Bewusstsein die Trennung für einen Moment wieder auf, was wegen der Kürze der Erfahrung nicht bemerkt wird.

Da das wahre Ich, die in Wirklichkeit erfahrende Instanz, nicht bewusst ist, ja seine Existenz meistens gar nicht geahnt wird, werden die Erfahrungen seinem Spiegelbild – Alltags-Ich, Gewohnheitsmensch usw. – zugeschrieben.

Die trennende Hülle ermöglicht das erste, vorläufige Selbstbewusstsein, ohne welches keine Weiterentwicklung, keine Freiheit – und daher kein menschliches Schaffen – erlangt werden könnte. Aber auch alles, was religiös das Böse genannt wird, hätte im Menschen keinen Platz

– das ist der Preis der Freiheit. Ohne diese Hülle wäre der Mensch eine Fortsetzung der (geistigen) Welt.

Alle spezifisch menschlichen Fähigkeiten sind als solche überbewusst, was mit anderen Worten heißt: Sie sind ontologisch «gegeben». Diese überbewussten – nicht vom Menschen entwickelten oder erfundenen – Fähigkeiten sind Reste eines rein geistigen Daseins, aus dem das Geistwesen seinen Ausflug auf die «Erde», in die Verbindung mit der Leiblichkeit, unternimmt.

6. Meditation: Jakobus-Brief 1,17: Alle gute Gabe und alles vollkommene Geschenk kommt von oben herab, von dem Vater der Lichter, bei dem keine Veränderung ist, noch ein Schatten von Wechsel.

II. Die menschenkundlichen Grundlagen der Heilungen in der Sprache des Neuen Testaments

1. Der von oben

Nach einem alten orphischen Spruch ist der Mensch «ein Kind der Erde und des gestirnten Himmels». Der Spruch weist auf die polare Natur des Menschen hin, wobei das Irdische nicht einfach die physische Leiblichkeit bedeutet, sondern vor allem das «irdische» Bewusstsein, wie auch die Sterne am Himmel nicht auf die sichtbaren Himmelskörper hindeuten, sondern auf den geistigen Stern des Menschen (s. Kap. V.2.). Im Neuen Testament erscheint diese Polarität durch die Ausdrücke «von oben» und «von unten» bzw. «von oben geboren», «von oben kommend» und auch in dem Gegensatz «Geist» und «Fleisch».

Als Ausgangspunkt für ein näheres Verständnis dieser Polarität kann das dritte Kapitel des Johannesevangeliums genommen werden. Der Herr spricht zu Nikodemus (J 3,3): «Amen, amen ich sage dir: Es sei denn dass Jemand von oben geboren werde, kann er das Reich Gottes nicht sehen.» Luther und die meisten Übersetzer schreiben für das griechische Wort *ánothen* «von neuem» oder «wieder».

Das Wort hat beide Bedeutungen, hier wird es aber in dem Sinne «von oben her» verwendet.

Zwingli übersetzt das Wort richtig «von oben her» und bemerkt in der Fußnote: «Das Wort bedeutet auch ‹von neuem›. Deshalb konnte Nikodemus es missverstehen.» J 3,4: «Nikodemus antwortet ihm: Wie kann der Mensch geboren werden, wenn er alt ist? er kann doch nicht in den Leib seiner Mutter eingehen und geboren werden.» Im Vers J 19,11 ist der Sinn des Wortes eindeutig «von oben her» (siehe auch: Kühlewind, *Das Reich Gottes,* Kap.: Was gehört nicht zum Reich?).

Vers 7 des 3. Kapitels wiederholt: «Lass dich's nicht wundern, dass ich dir gesagt habe: Ihr müsst von oben her geboren werden.» Im selben Kapitel (Vers 31) spricht Johannes der Täufer: «Der von oben her kommt, ist über allen. Der von der Erde her Seiende lebt nach dem Irdischen und redet aus dem Irdischen her. Der vom Himmel Kommende ist über allen.»

Hinter den zitierten Sätzen steht ein meditativer Inhalt, der informativ nicht – oder höchstens andeutungsweise – mitteilbar ist. «Der von oben her» ist offensichtlich eine Individualität, die das Ich-bin-Erlebnis auf höchster Stufe verwirklicht hat. Das ist auch die Bedeutung der Worte (J 8,23): «Ihr seid von unten her, ich bin von oben her; ihr seid von dieser Welt, ich bin nicht von dieser Welt.» Am Ende der Geschichte spricht der Herr zu Pilatus: «Mein Reich ist nicht von dieser Welt» (J 18,36). «Der von oben her» kann körperliche und seelisch-geistige Erkrankungen heilen, weil sein Selbst «über allen» ist, *unabhängig* von allem. Im Vers 6 (J 3,6) heißt es: «Was aus dem Fleisch geboren ist, das ist Fleisch, und was aus dem Geist geboren ist, das ist Geist.» Die Bedeutung des Wortes «Fleisch» an dieser Stelle ist selbstverständlich nicht «Muskel», sondern es steht für den schwachen Teil der Seele, der am Fleisch haftet (siehe Kühlewind, *Erneuerung des Hl. Geistes,* Kap.: Das Fleisch). Das zeigen Sätze wie «Der Geist ist willig, das Fleisch aber ist schwach» (Mt 26,41; Mk 14,38) oder «nach dem Fleisch wandeln» (Röm 8,1) oder «Denn das Fleisch gelüstet wider den Geist, und den Geist wider das Fleisch. Dieselbigen sind wider einander, dass ihr nicht tut, was ihr wollet ... Offenbar sind aber die Werke des Fleisches, als da sind Ehebruch, Hurerei, Unreinigheit ...» (Gal 5,17-20), es folgt ein langer Katalog der Sünden, die aus dem Fleisch stammen. Was aus Fleisch bzw. aus Geist «geboren» ist, das sind die Impulse, Gedanken, Vorstellungen des Menschen, die sein Leben bestimmen.

Nun ist jeder Mensch von oben her und von unten her «geboren», wobei die Verbindung dieser zwei Entitäten das Leben, die Krankheiten, den Tod bestimmt. Dieses Bestimmt-Werden durch die sich verändernde-veränderbare Verbindung scheint zu der Zeit und in der Umgebung des Herrn ziemlich bewusst gewesen zu sein, in den vergangenen Jahrhunderten ging diese Bewusstheit fast gänzlich unter, während sie in den letzten Jahrzehnten mehr und mehr als Psychosomatik aufgetaucht ist. Selbstverständlich tritt dieses Phänomen zunächst in einer unvollkommenen Form zutage, da unsere offizielle akademische Wissenschaft und die von ihr geprägte Kultur vom «Geistigen» kaum, vom «Seelischen» auch meistens nur als Epiphänomen wissen wollen – obwohl sie ihm zunehmend Bedeutung einräumen.

6. *Besinnung:* Worin zeigt sich uns «Der von oben»?
7. *Meditation:* Wir wachsen von oben.

8. Meditation: Der von obenher Kommende ist über allen.

2. Geistige Heilung

Geistige Heilung bedeutet, dass Der-von-oben-her den unteren Menschen – nur dieser kann erkranken – heilt. Die Erkrankung kann leiblich oder seelisch (Besessenheit von Dämonen) sein. Das höhere Wesen muss bei der Heilung vom unteren unabhängig gemacht werden. Der Teil des Oberen, der sich mit der Leiblichkeit durch den «Mantel» verbunden hat, muss aus dieser Verbindung befreit werden, damit der obere Mensch wie von außen an den unteren herankommen kann. Man kann auch im Alltagsleben bis zu einem gewissen Grad «sich» – das Mich-Empfinden – vergessen, z.B. bei künstlerischer, schöpferischer Betätigung oder im Gebet. Zum Geheiltwerden gehört ein tiefes, totales «Selbstvergessen», bei dem der Mensch ausschließlich im Oberen anwesend ist.

Solche geistigen Heilungen waren in früheren Phasen der Bewusstseinsentwicklung nicht selten, und sie sind in «nicht-zivilisierten» Gegenden auch heute weitgehend möglich – wo das Mich im Menschen unentwickelt ist. Dabei wurde / wird das Alltagsbewusstsein durch verschiedene Prozeduren ausgelöscht, genauso oder ähnlich wie bei den früheren «Einweihungsriten», die durch ein «Verrücken» der Bewusstheit gewirkt haben. Man kann diese Vorgänge als ganz tiefes Selbstvergessen auffassen. So wirkte auch Johannes der Täufer, er hielt den Getauften bis zur Grenze des Todes unter Wasser (daher brauchte er «viel Wasser», J 3,23).[7] Die neue, christliche Taufe (mit «Feuer und Heiligem Geist»), ist ein rein innerlicher Weg, ohne Auslöschung des Bewusstseins, wohl aber durch eine radikale Wandlung.

Heute beginnt die Bewusstseinsschulung vom Alltagsbewusstsein aus und führt kontinuierlich, ohne den Bewusstseinsfaden zu verlieren, zum «Vergessen» des Mich. Diese neue Einweihungsart geht parallel mit der neuen Heilungsmöglichkeit: In den Heilungen im Neuen Testament ist der Geheilte hellwach, in seinem Bewusstsein weder eingeschläfert noch ausgelöscht. Zunächst ist der Herr bei den Heilungen anwesend; später heilen auch seine Jünger und nach Golgatha auch die Apostel.

3. Die Bedingungen der geistigen Heilung

Der Tod und die Erkrankungen der Leiblichkeit haben ihren Ursprung im Sündenfall. Dieser bewirkt heute das Zustandekommen des Ich-Leibes des Menschen. Um geistig heilen zu können, muss – wenigstens für einen Augenblick – der Zustand vor dem Sündenfall wiederhergestellt werden. Das ist gleichbedeutend mit der Auflösung des Ich-Leibes oder mit der Befreiung von den Sünden (Vergebung der Sünden) oder mit dem, was im Neuen Testament «Glaube» genannt wird: eine vollständige Gewissheit, Sicherheit ohne den kleinsten Schatten eines Zweifels – die erfahrene Verbindung mit dem wahren Selbst oder Ich. Dass sich die ganze Aufmerksamkeit im wahren Ich konzentriert, ist möglich durch die Anwesenheit des Herrn (oder seiner Vertreter), durch die induktive Wirkung seiner (ihrer) Offenheit: Die Offenheit wirkt auf andere Menschen öffnend, oder diese Wirkung kann abgewehrt werden und es entsteht Hass gegen den Offenen.

Der trennende Mantel macht die Leiblichkeit zugänglich für das irdische Bewusstsein, das sich auf die Autoperzeption gründet; zugleich wird die Leiblichkeit unzugänglich für das höhere geistige Überbewusstsein, von den kommunikativen Fähigkeiten abgesehen.[8] Daher muss zur geistigen Heilung das Trennende aufgehoben werden. Dafür kennen die Evangelien zwei Ausdrücke: den Glauben und das Befreit-Werden von den Sünden.

Der Glaube

Wenn das Bewusstsein mit seinem überbewussten Quell fühlend verbunden ist, empfindet der Mensch Sicherheit ohne Zweifel. Das Wort für den Glauben lautet im Griechischen PISTIS und bedeutet vor allem Sicherheit und Festigkeit. Glaube heißt im Sinne des Neuen Testaments Gewissheit. Gewissheit kann nur ganze Gewissheit sein – eine, die nicht vollständig ist, hieße nicht so.

Beim Kleinkind ist die Aufmerksamkeit noch ungeteilt, sie ist ein Fühlen, das noch nicht in die Kanäle der Sinne oder des Denkens geleitet und ungebrochen ist. Beim Erwachsenen ist die Aufmerksamkeit entweder sehend oder hörend oder schmeckend usw. Die ungebrochene, noch ganze Aufmerksamkeit ist der Glaube.

Wenn für diese Gewissheit ein Begriff und auch ein Wort da ist, dann ist der Inhalt des Begriffes bewusst, und das bedeutet, dass der Inhalt nicht mehr gegeben ist und dass auch sein Gegensatz, in diesem Fall der Mangel an Glauben, bekannt und bewusst ist. So bedeutet PISTIS einen Zustand der Seele, in dem sie Gewissheit hat und von diesem Gewissheit-Haben auch weiß. Anders gesagt: Es ist ein Zeuge da, und daher kann man das Erlebte – die Gewissheit – auch Erfahrung nennen. Ist die Verbindung des Bewusstseins mit seiner Quelle eine natürliche Gegebenheit, so kann man darüber nicht sprechen, es ist keine Erfahrung, da kein Zeuge dabei ist, es ist ein Miterleben, eine Identität. Anfang des 20. Jahrhunderts wurde diese Art von Miterleben der Welt von Ethnologen, die ihm in archaischen Kulturen begegneten, «partizipierendes Bewusstsein» genannt.

Der Glaube ist eine erfahrene Gewissheit, eine Verbindung mit der Geistigkeit, die nicht unbedingt oder selbstverständlich gegeben ist. Er ist keineswegs ein schwächeres Surrogat für Wissen – was ich nicht weiß, kann ich noch glauben –, sondern ein an Gewissheit unüberbietbares Wissen, Empfinden, eine Geborgenheit, die Gewissheit der eigenen Wurzeln in der Göttlichkeit. Der Glaube ist wie eine Intuition, das heißt eine Erfahrung. Nur im Heilen hat sie *Dauer*, gleich, ob es der Bruchteil einer Sekunde ist oder eine halbe Stunde. Dauer heißt: Nicht bloß ein Blitz.

Der Glaube ersetzt als Erfahrung das frühere geistige Wahrnehmen der vorchristlichen Religiosität, das Wahrnehmen der geistigen Wesenheiten, der Bedeutungen der geschaffenen Welt, das auch eine Erfahrung war. Dieser Wechsel wird besonders durch Paulus betont, wenn er z.B. schreibt (2 Kor 5,7): «... in der Leiblichkeit wohnend fern von dem Herrn wandernd, denn wir wandeln im Glauben, nicht im Sehen ...» Nicht im Sehen oder (das griechische Wort *eidos* bedeutet Bild, Erscheinung) «nicht in der Erscheinung der ewigen Herrlichkeit», so ergänzt die Zwingli-Übersetzung. Ähnlich spricht Paulus an der berühmten Stelle (1 Kor 13,12-13): «Denn wir sehen jetzt wie durch einen Spiegel in Rätselgestalt, dann aber von Angesicht zu Angesicht. Jetzt erkenne ich stückweise, dann aber werde ich erkennen wie ich erkannt sein werde. Nun aber bleibt Glaube, Hoffnung, Liebe ...!» Das Stückwerk des Erkennens wird dereinst in eine nicht-dualistische Weise aufgehoben werden. Bis dahin bleiben uns Glaube, Hoffnung, Liebe als Erkenntnisweisen. Glaube ist nicht Sehen, «Gott hat niemand gesehen ...» (J 1,18), das nicht-bildhafte Gewissheits-Gefühl, das die unmittelbare Bild-Erfahrung der Göttlichkeit ersetzt, das ist im Anfang des Christentums die aktuelle Verbindung nach oben. Es ist kein Glaube «an» etwas, es ist die eigentlich unbenennbare absolute Gewissheit, in einer bedeutungsvollen Welt zu sein.

Im ersten Timotheus-Brief wird das «Geheimnis des Glaubens in reinem Gewissen» erwähnt (3,9). Worin das Geheimnis besteht, ist im ersten Petrus-Brief zu lesen (1,9): «... das Ziel eures Glaubens (ist) die Seligkeit der Seelen» – so Zwingli. Aber das Wort TELOS (hier als «Ziel» übersetzt) bedeutet: Vollendung, Vollziehung, Erfüllung, Ausgang, Ergebnis, Höhepunkt, Einweihung; während SOTERIA («Seligkeit») im Sinne von Erhaltung, Rettung, Erlösung, Sicherheit, Geborgensein verwendet wird. «Das

Geheimnis des Glaubens in reinem Gewissen» erhält daher eine viel tiefere Bedeutung. Gewissen und Glaube werden im Hebräer-Brief (10,22) und im ersten Timotheus-Brief (1,5; 3,9) verknüpft – mit unreinem Gewissen ist kein Glaube, d.h. keine Gewissheit möglich.

Ist das Gewissen rein, so steht kein Hindernis zwischen dem Alltagsbewusstsein und seinen überbewussten Quellen. Das bedeutet noch nicht, dass die Verbindung hergestellt ist, d.h. dass der Glaube zur Erfahrung wird. Die Erfahrung ist das Merkmal oder Zeichen der effektiven Verbindung nach oben, die zur Heilung führen kann. Die Gewissheit kann aufblitzen, zur Heilung muss sie eine Beständigkeit, Dauer haben. Davon zeugen alle Heilungsgeschichten.

Heute ist es möglich, sich durch Bewusstseinsschulung der Erfahrung der Geistigkeit wieder anzunähern. Das hängt mit der Bewusstseinsentwicklung zusammen, die durch das Christentum in den 2000 Jahren geschehen ist.

7. Besinnung: Warum ist unsere Gewissheit nie vollkommen? Was wäre die Bedingung dafür?

Sünden und ihre Vergebung

Man kann kein reines Gewissen haben, wenn man sich sündhaft fühlt, und wer fühlte sich nicht so? Es ist hilfreich zu wissen, welche Bedeutungen und Konnotationen die Wörter «sündigen», «Sünde», «Fehler» in anderen Sprachen haben, damit wir uns besser und vielseitiger in sie einfühlen können. Sie werden ja im Hinblick auf die Heilungen im Neuen Testament sehr oft gebraucht.

Das Verb HAMARTANO, gewöhnlich mit «sündigen» übersetzt, bedeutet ursprünglich «das Ziel oder die Zielscheibe verfehlen, nicht treffen»; Bedeutungen zweiten Ranges sind «nicht erreichen, irren, verlieren, verlustig gehen, einbüßen, vorenthalten, sündigen, sich vergehen». Es ist sehr zu bedenken, eine Meditation durchaus wert, dass die griechische Sprache (und auch die hebräische: CHET) ein Wort haben für das Verfehlen der Zielscheibe oder des Zieles, das zugleich «Sünde» bedeutet. Eine von der unseren verschiedene Weltansicht ist in diesem Unterschied versteckt. Ähnlich ist es mit dem Hauptwort HAMARTEMA: Es bedeutet primär «Fehler, Irrtum». Das Wort, das meistens mit «Fehler» übersetzt wird, PARAPTOMA, wird für «Versehen, Verstoß, Vergehen» verwendet; das entsprechende Zeitwort PARAPIPTO bedeutet primär «daneben, auf die Seite fallen, zufällig auf etwas stoßen oder treffen, irgendwohin geraten, vorbeigeraten, vorbeilaufen oder -eilen»; sekundär: «irren, fehlen». Gemäß der impliziten Weltansicht ist das Gute, das Richtige, das Ziel zu erreichen in diesen Sprachen das Ursprüngliche, und Sünde ist das Abweichen von diesem Urgegebenen.

Die «Vergebung der Sünden» – ein in Bezug auf die Heilungen oft wiederkehrender Ausdruck – bedeutet ein Absehen, eine Befreiung von den Verfehlungen, eine Möglichkeit zur Zurückkehr auf den richtigen Weg im Sinne einer Berufung. Was mit «vergeben, Vergebung» übersetzt wird, das Verb APHIEMI, steht primär für «wegschicken, fortschicken, freilassen, loskommen, von sich geben, ertönen lassen, wegwerfen, aufgeben, unterlassen». Im Vaterunser wird dieses Verb gebraucht (Mt 6,12; Lk 11,4): «Lasse weg unsere Schulden.» Dieses Wort kommt in der Beschreibung der Heilungen oft vor.

Schon im Auftakt zum Christentum wird von der Vergebung der Sünden gesprochen: Der Täufer «predigte von der Taufe der Sinnesänderung zur Vergebung der Sünden» (Sinnesänderung wird meistens mit «Buße» übersetzt, METANOIA aber ist wörtlich «Richtungsänderung des NOUS = Sinn). Dieser Zusammenhang ist auch bei Lk 3,4 sowie in der Apostelgeschichte (2,38; 5,31; 13,38; 26,18) zu finden. Anstatt «Vergebung» wäre deutsch «Enthoben-Werden», «Freisprechung», «Befreiung» von den Sünden besser. Das entsprechende Hauptwort APHESIS bedeutet «Entsendung, das Auslaufen von Wagen, Entlastung, Trennung, Scheidung, Loslassung, Freigeben (von Gefangenen), Erlassen, Befreiung».

Die Sinnesänderung kann so weit gehen, dass man sich vom unteren Menschen – allein dieser kann sündhaft werden – zumindest für kurze Zeit abtrennt; das wird von dem Täufer mit «Sinnesänderung zur (EIS = in die) Befreiung von den Sünden» gemeint. Diese Befreiung ist das Loswerden des trennenden Mantels und der damit verbundenen Gewohnheiten, Abhängigkeiten, Leidenschaften, ist die Entlastung von der Egoität, vom «Fleisch» als von der Quelle der Sünde (s. Gal 5,17-20). Durch das Freiwerden von den Sünden wird der Glaube, die allumfassende Gewissheit hergestellt, die zum Heilen notwendig ist: die Verbindung nach oben.

8. *Besinnung:* Was ist der Unterschied zwischen «etwas verfehlen» und «sündigen»?

9. *Meditation:* Du bist befreit von deinen Sünden.

4. Das Gemeinsame aller Heilungen

Aus den vorangehenden Kapiteln kann entnommen werden, dass die Menschen ohne den trennenden Mantel, wenn dieser sich also nicht entwickeln würde, in einem gemeinsamen Bewusstsein wären. Das zeigt sich beim Kleinkind und auch bei archaischen Menschen, von denen berichtet wird, dass sie – auch über eine Entfernung hinweg – ohne Zeichen miteinander kommunizieren können. In der Bibel wird das Erlöschen dieser Kommunikationsmöglichkeit in der Geschichte des Turmbaus zu Babel beschrieben. Die stumme, zeichenlose Kommunikation – gelenkt durch die Richtung der Aufmerksamkeit – hört auf, es bleiben die Volkssprachen, die schon da sind (Genesis Kap. 10), durch die sich aber die verschiedenen Völker untereinander nicht verständigen können.

Die ursprüngliche, zeichenlose Kommunikation – wir können sie direkte nennen – ist auch heute hinter den Worten und Zeichen wirksam. Worte können, von den technisch-wissenschaftlichen abgesehen, die durch nichtdefinierbare, sprachgegebene Wörter definiert werden, nie eindeutig sein. Was uns das gegenseitige Verständnis ermöglicht, ist «der gute Wille», «das Sich-Einfühlen», «du verstehst schon, was ich meine», kurz: der intuitiv-gemeinsame Bedeutungsraum, in welchem der obere Mensch stets lebt.

Durch das zeitweilige Auflösen der Trennung, das «Befreiung von den Sünden» oder «Glaube» heißt, wird der Kranke bzw. sein Vertreter in den Raum des zeichenlosen Verstehens gehoben, wo auch der Heiler anwesend ist: Es wird der ursprüngliche, von den Verfehlungen noch unberührte Zustand zeitweilig hergestellt. Der Mensch lebt dann in seinem höheren Wesen, unabhängig vom unteren Menschen, und ist deshalb, mithilfe des Herrn, fähig, auf Letzteren heilend einzuwirken.

Durch Selbstvergessen erhebt sich der Mensch in sein wahres Selbst und von dort durch den Herrn in den Anfang, in den Zustand der Welt, wo noch keine Form ist. Dieser Zustand ist der – immer anwesende und aufsuchbare – «Ort», der ARCHĒ heißt, das Reich des Uranfangs vor dem Sündenfall, bevor Formen entstanden sind, wo sie aber entstehen. In der geistigen Welt ist Sein Kommunizieren, dort arbeiten die menschlichen Geistwesen kommunizierend aneinander. Da wird sichtbar, wie die Urkommunikation mit dem Heilen verwandt ist.

In der ARCHĒ lebt Ichwesen im Ichwesen, unmittelbar, das heißt unvermittelt, nichts ist dazwischen, Licht im Licht. Das ist die wirkliche heilende Berührung, für die im Neuen Testament als Symbol oder bildhafter Hinweis die äußere Berührung steht.

In einem beschränkten, partiellen Ausmaß wirkt das höhere Wesen in allen körperlich-kommunikativen Tätigkeiten, vor allem im Sprechen. Das Betätigen der Sprachorgane, das Auftauchen der (noch übersprachlichen) Sprechintention, das Finden der entsprechenden Wörter und der Ausdrucksweise sind überbewusst, d.h. sind Tätigkeiten des oberen Menschen. Wäre das Verhältnis des geistigen Wesens zu der ganzen Leiblichkeit, wie es beim Sprechen zu den Sprachorganen ist, so könnte der Mensch mit seinem ganzen Körper sprechen, Zeichen machen – eine selbstständige Bewegungskunst. Würde sich die Wirksamkeit des geistigen Wesens über die Funktionsart der leiblichen Glieder hinaus auf die Gestalt,

Form und Beschaffenheit des Körpers erstrecken, so hätten wir es mit Möglichkeiten eines Heilens zu tun, das in derselben Weise verläuft, wie wenn unabhängig vom Alltagsbewusstsein eine Wunde heilt. Das scheint der Fall zu sein bei den körperlichen Heilungen im Neuen Testament. Für die Heilungen aus der Ferne (Mt 8,6; 15,22; Mk 7,25; Lk 7,1; J 4,46) müssen noch weitere Gedanken gefunden werden. Ebenso für die «psychiatrischen» Heilungen von Besessenen.

III. Die «psychiatrischen» Heilungen

Die Heilungen von Besessenen geschehen durch das Wort des Herrn, die Kranken werden nicht berührt und sie berühren den Herrn auch nicht (bevor sie geheilt werden). Sie sind von Dämonen oder unreinen Geistern (manchmal von stummen oder bösen) besessen. Das Wort «Teufel», wie Luther in Bezug auf diese Heilungen übersetzt, kommt in den Austreibungsgeschichten im griechischen Text des Neuen Testaments nicht vor; Zwingli bringt den Text genauer. Wir werden erst die unreinen Geister beziehungsweise Dämonen gemäß ihrer Beschreibung charakterisieren (III.1. und III.2.), dann die Art, wie der Herr die Besessenen heilt.

1. Die Beschreibung der Dämonen

Die Ausdrücke «Dämonen» (DAIMONES) und «unreine Geister» (PNEUMATA AKATHARTA) werden in den synoptischen Evangelien synonym gebraucht, «Besessene» (DAIMONIZZOMENOI) nur durch Matthäus und Markus, während im Johannesevangelium keines dieser Worte vorkommt, da auch keine seelische Heilung erwähnt wird. Die Dämonen beziehungsweise die von ihnen Besessenen werden durch gewisse Eigenschaften und Verhaltensweisen beschrieben. Die Geschichte der zwei Besessenen (Mt 8,28-32) ist typisch:

> *Und er kam jenseits des Meeres, in die Gegend der Gergesener. Da liefen ihm entgegen zwei Besessene, die kamen aus den Totengräbern und waren sehr grimmig, also dass niemand dieselbe Straße wandeln konnte. Und siehe, sie schrien und sprachen: Ach Jesu, du Sohn Gottes, was haben wir mit dir zu tun? Bist zu gekommen uns zu quälen, ehe denn es Zeit ist? Es war aber ferne von ihnen eine große Herde Säue an der Weide. Da baten ihn die Dämonen und sprachen: Willst du uns austreiben, so erlaube uns, in die Herde Säue zu fahren. Und er sprach: Fahret hin. Da fuhren sie aus und fuhren in die Säue. Und siehe, die ganze Herde Säue stürzte sich mit einem Sturm ins Meer, und ersoffen im Wasser.*

Mit einer leichten Abwandlung wird diese Heilung bei Markus und bei Lukas wiedergegeben (Mk 5,1-10; Lk 8,26-30). Nach Markus:

> *Und sie kamen jenseits des Meers in die Gegend der Gadarener. Und als er aus dem Schiff trat, lief ihm alsbald entgegen aus den Gräbern ein besessener Mensch mit einem unsaubern Geist, der seine Wohnung in den Gräbern hatte. Und niemand konnte ihn binden, auch nicht mit Ketten. Denn er war oft mit Fesseln und Ket-*

ten gebunden gewesen, und hatte die Ketten abgerissen, und die Fesseln zerrieben, und niemand konnte ihn zähmen. Und er war allezeit, beide Tag und Nacht, auf den Bergen und in den Gräbern, schrie und schlug sich mit Steinen. Da er aber Jesum sah von ferne, lief er zu und fiel vor ihm nieder, schrie laut und sprach: Was habe ich mit dir zu tun, o Jesu, du Sohn Gottes, des Allerhöchsten? Ich beschwöre dich bei Gott, dass du mich nicht quälest. Er aber sprach zu ihm: Fahre aus, du unsauberer Geist, von dem Menschen. Und er fragte ihn: Wie heißest du? Und er antwortete und sprach: Legion heiße ich, denn unser ist viel.

Die Fortsetzung entspricht der Version nach Matthäus. Die charakteristischsten Züge der Dämonen sind folgende: 1) Der Besessene ist körperlich ungemein stark. 2) Die Dämonen erkennen den Herrn. 3) Sie sprechen im Plural, auch wenn es nur ein Besessener ist. 4) In vielen dieser Geschichten wird vom Reißen und Um-sich-Werfen des Besessenen berichtet, besonders während der Heilung.

Die körperliche Stärke bei tobenden Psychotikern ist ein bekanntes Phänomen. Sie resultiert aus einer Konstellation, in der das Ich, der obere Mensch, wie von außen den unteren, die Leiblichkeit, bewegt.[9]

Das Erkennen des Herrn wie auch seine Fähigkeit, durch die Erscheinung das Wesen wahrzunehmen, ist «gesunden» Menschen nicht gegeben. Für viele Behinderte jedoch, für Autisten und generell für Kleinkinder – und heute auch für die «schwierigen» Kinder der neuen Kindergeneration – ist gerade diese Fähigkeit bezeichnend. Sie ist verbunden mit der zeitweiligen Aufhebung der Autoperzeption, des trennenden Mantels.

Nur selten ist ein Mensch von einem Dämon allein besessen, wie es bei Mk 1,23 bzw. Lk 4,33 beschrieben wird. Die Mehrzahl entspricht der modernen Erfahrung, dass im Unterbewussten immer eine Mehrzahl von Formen zu finden ist, die «sinnlos» oder «bedeutungslos», d.h. nicht kommunikativ sind.[10]

Seelisch Erkrankte erleben oft Bewegungen ihres Körpers, die nicht durch den bewussten Willen geleitet sind: bei Krämpfen oder epileptischen Anfällen. Diese Gebärden können auch gemischt sein, wie in der Geschichte des (oder der) Besessenen, die in diesem Kapitel (Mt 8,28-32; Mk 5,1-10; Lk 8,26-30) beschrieben worden ist: Der Besessene wirft sich Jesus zu Füßen, wie um Hilfe bittend; dann aber spricht der Dämon aus seinen Worten.

In manchen Erzählungen (Mk 1,34; 3,11; Lk 4,41) wird erwähnt, dass der Herr den Dämonen verbietet, ihn offenbar zu machen.

10. Meditation: Die Dämonen sind immer zu mehreren.

2. Was sind die Dämonen? (Exkurs)

Bei archaischen Völkern waren und sind Dämonen als ungute geistige Wesen neben den guten Geistern (wie Engeln) bekannt. Der moderne Mensch hat Erfahrungen, wie sie im Neuen Testament beschrieben sind, nicht mehr. Er kann jedoch sehr wohl selbstständige «Kräfte», Vorgänge,

Impulse in der eigenen Seele wahrnehmen. Diese vermögen ohne oder sogar gegen seinen bewussten Willen in seinem Bewusstsein zu erscheinen und ihn zu Handlungen zu verleiten, die er, wenn er sie klar bedenkt, nicht will, gegen die er jedoch keinen genügenden Widerstand aufzubringen vermag. Diese Selbstständigkeiten in der Seele zeigen sich auf verschiedenen Stufen und mit verschiedenem Wirkungspotenzial. Bei einer Konzentrationsübung (wenn man sich auf das Vorstellungsbild eines von Menschen geschaffenen Gegenstandes konzentriert)[11] kann man fast immer Ablenkungen (Assoziationen) erleben; das sind die mildesten, schwächsten Selbstständigkeiten, obwohl sie bei der Übung ziemlich stören. Gravierender sind Zwangsgedanken und Zwangshandlungen, die heute zur Pathologie gerechnet werden; kleinere Zwänge sind bei vielen Menschen zu finden, meistens ohne dass diese sich ihrer bewusst sind. Beim Menschen unserer Zeit sind die Selbstständigkeiten der Seele unter dem Alltags-Ich, wie zu der Persönlichkeit gehörend, zusammengefasst, d.h. sie gewinnen zwar zeitweise auch eine gewisse Unabhängigkeit vom Alltags-Ich, werden aber von diesem doch wenigstens wahrgenommen, toleriert oder oft auch bekämpft. Schwieriger ist die Situation, wenn das Alltags-Ich sich mit einer oder mehreren Selbstständigkeiten identifiziert und sie von seinem Wesen nicht unterscheiden kann.

In Zeiten, in denen das Alltags-Ich (das außer dem Ich-Leib auch aus freien Aufmerksamkeitskräften besteht) bei weitem noch nicht so stark entwickelt war, waren die selbstständigen unterbewussten Formen[12] unabhängiger vom Zentrum des Menschen, da dieses in sich schwächer, weniger selbstbewusst war. Es ließ sich mehr durch Kraftwirkungen von oben und unten bestimmen und empfand sich wie gezwungen von diesen Kräften. Diese Art von Erleben wird in den Briefen des Paulus sehr deutlich dargestellt. So lesen wir z.B. im Römerbrief 7,15-20:

> *Denn was ich vollbringe, erkenne ich nicht; denn nicht, was ich will, das führe ich aus, sondern was ich hasse, das tue ich. Wenn ich aber das tue, was ich nicht will, so stimme ich dem Gesetz bei, dass es gut ist. Nun aber vollbringe nicht mehr ich es, sondern die Sünde, die in mir wohnt. Denn ich weiß, dass in mir, das ist in meinem Fleische, nichts Gutes wohnt. Denn das Wollen ist zwar bei mir vorhanden, das Vollbringen des Guten aber nicht. Denn nicht das Gute, das ich will, tue ich, sondern das Böse, das ich nicht will, das führe ich aus. Wenn ich aber das tue, was ich nicht will, so vollbringe nicht mehr ich es, sondern die Sünde, die in mir wohnt. (Zürcher Bibel)*

Das, was «Sünde» genannt wird, hat eine so große Selbstständigkeit, dass es gegen den Willen des Menschen aufkommt, und es wohnt im «Fleisch». So erhält die «Vergebung der Sünden» eine besondere Bedeutung: als momentane Tilgung der Selbstständigkeiten. Weder die guten noch die unguten Selbstständigkeiten werden dem menschlichen Zentrum zugeschrieben: Es wirkt Gott oder aber die Sünde in der Seele.

> *Denn Gott ist es, der in euch sowohl das Wollen als das Vollbringen wirkt um seiner Eudokia willen* (Phil. 2,13, auch 2 Kor 3,5).[13]

Spätestens seit Sigmund Freud wissen wir, dass die unterbewussten Formen wie mit einer «Intelligenz» ausgestattet sind, um sich durchzusetzen. Dieser Zug verleiht ihnen eine Art Wesenheit, als ob sie bewusste oder zumindest instinktive Wesen wären, versehen mit einer zielgerichteten «Schlauheit».

Wenn wir noch weiter rückwärts gehen in der Zeit, in der Bewusstseinsentwicklung, wird die Selbstbewusstheit, die wir im Alltagsbewusstsein finden, immer schwächer, da die trennende Hülle immer weniger kräftig ist. Wenn nun in dieser Phase der Bewusstseinsentwicklung eine Selbstständigkeit in der Seele auftritt, so unterscheidet sich das in zweifacher Hinsicht von den späteren Verhältnissen. Einerseits kann die Selbstständigkeit größer bis uneingeschränkt sein (d.h. sie kann zumindest zeitweise den Menschen völlig unkontrolliert beherrschen); zweitens kann das, was später und auch heute als «Intelligenz», Durchsetzungsgeschicklichkeit erscheint, als verlauteter offener Widerstand gegen jeden Änderungsversuch (auch Heilung) auftreten. Damit sind wir zu den Dämonen des Neuen Testaments gelangt. In verschiedenen spirituellen Traditionen werden die seelischen Selbstständigkeiten «elementare Wesenheiten» genannt und als durchaus über eine Intelligenz und einen Willen verfügend angesehen. Im Neuen Testament zeigen sie das dadurch, dass sie den Herrn als Gottes Sohn (Mt 3,11; 8,32; Lk 4,41) erkennen. Auch können sie ihn bei seinem Namen Jesus von Nazareth, Heiliger Gottes (Mk 1,23), Sohn Gottes, des Höchsten (Mk 5,7; Lk 8,28) nennen und wissen um seine Macht, sie aus den Menschen auszutreiben. Das geht jedenfalls über die «Schlauheit» des Unterbewussten hinaus und bedarf weiteren Verstehens.

Die «Naturkunde» der Dämonen zeigt mindestens zwei

Eigenschaften, die in der Wahrnehmungswelt nicht zu finden sind und ihr auch widersprechen. Die eine wurde schon erwähnt: Die Dämonen treten immer in der Mehrzahl auf. Genauer ausgedrückt, sie können wie die Elementarwesen nicht gezählt werden, stets verändert sich ihre Anzahl durch Einflüsse, wie z.B. durch das Zählen selbst – hier gibt es, wie in der Mikrophysik, auch eine Unschärfe. Die andere Eigenschaft ist: Die Dämonen sind zwar aus der Aufmerksamkeit des Besessenen entstanden, dieser aber fehlt nach der Austreibung nichts: etwa so, wie auch die Liebe nicht abnimmt, wenn man sie verschenkt.

3. Die Austreibung der Dämonen durch das Wort des Herrn

Alle Heilungen dieser Art geschehen durch das Wort. Das wird in manchen Berichten (Mt 8,16) betont, bei den meisten einfach beschrieben: Der Herr tadelt («bedroht» bei Luther und Zwingli) die unreinen Geister oder gebietet ihnen, aus dem Menschen auszufahren.

Das an dieser Stelle gebrauchte griechische Wort EPITIMAO hat mehrere Bedeutungen, von denen hier «Vorwürfe machen, tadeln, schelten» in Betracht kommen; TIMAO heißt «schätzen, ehren, beobachten, für etwas halten» (außer vielen abgeleiteten Bedeutungen).

Es sollen hier zwei typische Heilungen besprochen werden: die des Besessenen in der Synagoge (Mk 1,23;

Lk 4,35) und die der Besessenen in der Gegend der Gadarener (es sind zwei nach Mt 8,32, einer nach Mk 5,7; Lk 8,27), deren Geschichte bereits oben angeführt wurde (III.1.). Die erste gehört zu den Heilungen am Sabbat und sie erfolgt durch die Worte des Herrn: «Verstumme und fahre aus von ihm.» In beiden Fällen erklingt von Seiten der Dämonen: «Was haben wir mit dir zu schaffen?» Zuvor hat der Herr in der Synagoge gelehrt und die Zuhörer «erstaunten über seine Lehre; denn er lehrte sie wie einer der Gewalt (EXUSIAN) hat und nicht wie die Schriftgelehrten» (Mk 1,27; Lk 4,32). Bei der zweiten Geschichte wird die Macht des Herrn durch die vorangehende Stillung des Sturmes dargestellt (Mt 8,26; Mk 4,39; Lk 8,24). Wie schon erwähnt, sprechen die Dämonen durch den Besessenen meistens im Plural; auch wo sie sich im Singular äußern, sind es mehrere (Mk 5,9; Lk 8,30). Der Besessene verhält sich manchmal so, als suche er Hilfe, (s. die in Kap. III.2. wiedergegebenen Geschichten), er läuft zu Christus und wirft sich vor ihm nieder. Was aber durch den Menschen erklingt, ist die Rede der Dämonen. Das Auffälligste ist ihre Erkenntnisaussage über den Herrn. Die unterbewussten Selbstständigkeiten in der Seele wären dazu allein nicht fähig. Dass sie über diese Fähigkeit dennoch verfügen, bedeutet, dass die sonst negativen Formen, die sinnlosen Kräfte, eine Verbindung zum Oberen des Besessenen haben, zu seinem geistigen Teil, der als Geistwesen andere Geistwesen «sieht», auch das des Herrn. Man könnte das so ausdrücken: In unserem höheren Wesen sind wir alle allwissend, hellsichtig, im Prinzip können wir die ganze (auch die geistige) Welt erkennen; diese Erkenntnisse stehen dem Erdenmenschen aber nur dann zur Verfügung, wenn er durch innere Arbeit das Bewusstsein zu dem eigenen höheren Wesen erhebt. Bei den Besessenen (den psychisch Kranken) liegt das Zentrum (zumindest zeitweise) nicht im Körpergefühl, wie bei den «normalen» Menschen, sondern die irreguläre (nicht bewusst handhabbare und hergestellte) Verbindung nach oben verleiht ihnen eine Offenheit, durch die sie vieles aussprechen können, das dem Normalen verborgen bleibt.

Gerade diese Offenheit nach oben (übrigens bei Rudolf Steiner und in den so genannten antipsychiatrischen Bewegungen, die durch die Namen Ronald D. Laing, Thomas Szasz usw. gekennzeichnet sind, ist die starke Verbindung der Geisteskranken mit der geistigen Welt bekannt) bietet die Möglichkeit zum Heilen oder zur Austreibung der mächtigen Selbstständigkeiten durch das Wort des Herrn. In ihm ist ja der Logos, die worthafte weltschöpferische Macht Gottes, anwesend, dem alle, auch die unreinen, Geister untergeordnet sind. Die wissen, dass sie dem Herrn und seinem Wort nachgeben müssen.

> *Wenn du uns austreibst, so schicke uns in die Schweineherde* (Mt 8,32; Mk 5,7; Lk 8,27).

> *Bist du gekommen, uns umkommen zu lassen?* (Mk 1,24; Lk 4,34).

Seit der Logos Fleisch geworden ist bei der Jordantaufe durch Johannes den Täufer (J 1,14), lebt Gottes Wort in Jesus von Nazareth. Dadurch dass in Jesus die Erkenntnisfähigkeit den ihm innewohnenden Logos erreichen kann, ist es möglich, dass sich im Besessenen – eben durch diese Erkenntnis – ein oberes Zentrum bildet, das sich durch die

Anwesenheit des Logos von den selbstständigen seelischen Formen trennt – sie werden abgestoßen, ohne sich aufzulösen. Daher auch in einigen Fällen die Mahnung, dass der ausgetriebene stumme und taube Geist nicht wieder in den Menschen zurückfahren dürfe, eine Gefahr, die bei Mt 12,45 ff. und Lk 11,24 ff. geschildert ist.

Da heute das Alltags-Ich als Zentrum viel stärker ist, kann eine selbstständige seelische Form nur äußerst selten dissoziiert (d.h. ausgetrieben) werden, sie muss aufgelöst oder zumindest in eine sozial verträgliche Form verwandelt werden. Aufgelöst werden kann ein unterbewusstes Gebilde allein durch eine (Gegen-)Intuition. Ein gutes Beispiel dafür ist in Ibsens *Die Meerfrau* zu finden.

Die Erkenntnisfähigkeit gehört dem Menschen, und zwar seinem oberen Wesen, an. Die Dämonen aber machen es sich zunutze, dass die Tätigkeiten des oberen Menschen (Erkennen, Wahrnehmen, Denken, Einsichten usw.) gewöhnlich dem Alltags-Ich zugeschrieben werden, da das Alltagsbewusstsein das einzige Bewusstsein ist, über das der Mensch ohne Aufmerksamkeitsschulung verfügt.

Das zur Zeit Christi schwache Alltags-Ich ist bei den Besessenen von Dämonen beherrscht. Die von diesen gebrauchten Wörter wie «peinigen, verderben, umkommen lassen» bedeuten, dass die selbstständigen seelischen Formen von dem oberen Menschen getrennt und damit ihrer parasitären Intelligenz entkleidet werden. Das ist die Befürchtung der Dämonen. Für den Menschen bedeutet das eine Befreiung. Die Wandlung wird am Ende der Austreibungsgeschichte Lk 8,26-39 geschildert:

Es bat ihn aber der Mann, von dem die Dämonen ausgefahren waren, dass er bei ihm möchte sein. Aber Jesus ließ ihn von sich und sprach: Gehe wieder in dein Haus und sage, wie große Dinge dir Gott getan hat. Und er ging hin und predigte durch die ganze Stadt, wie große Dinge ihm Jesus getan hatte.

Der stärker ausgeprägte Ich-Leib schützt den Menschen heute vor den mächtigen Selbstständigkeiten. Ist er dazu unfähig, wird der Mensch sowohl nach unten (in der Richtung des Unterbewussten) wie auch nach oben durchlässig. Beim psychisch Erkrankten vermischen sich die geistigen Wahrnehmungen und Impulse mit den Formen des Unterbewussten.

9. Besinnung: Worin besteht die schützende Wirkung des Ich-Leibes?

11. Meditation: «Wenn ich dagegen durch den Finger Gottes die Dämonen austreibe, so ist ja das Reich Gottes zu euch gekommen.» (Lk 11,20)

12. Meditation: Er trieb die Geister aus mit dem Wort (LOGŌ).

IV. Körperliche Heilungen

Die Dämonen-Austreibungen geschehen alle durch das Wort des Herrn. Einige körperlich Erkrankte werden auch durch sein Wort gesund, bei der Mehrzahl aber scheint das Berühren eine große Rolle zu spielen. Die Berührung geschieht durch ihn, als Handauflegen, Aufrichten, manchmal als Benetzung mit seinem Speichel, oft auch so, dass die Kranken ihn, d.h. sein Kleid, berühren. Äußerlich lassen sich drei Arten von körperlichen Heilungen unterscheiden: durch Berührung, ohne Berührung und von ferne. Letztere sind die geistkräftigsten Heilungen, daher betrachten wir sie zunächst.

1. Heilungen aus der Ferne durch das Wort

Die Geschichte des Hauptmanns (Mt 8,5 ff.; Lk 7,2 ff.) oder des Königlichen (J 4,46 ff.) lautet nach Matthäus:

> *Da aber Jesus einging zu Kapernaum, trat ein Hauptmann zu ihm, der bat ihn und sprach: Herr, mein Knecht*

liegt zu Hause und ist gichtbrüchig und hat große Qual. Jesus sprach zu ihm: Ich will kommen und ihn gesund machen. Der Hauptmann antwortete und sprach: Herr, ich bin nicht wert, dass du unter mein Dach gehest; sondern sprich nur ein Wort, so wird mein Knecht gesund. Denn ich bin ein Mensch, dazu der Obrigkeit untertan, und habe unter mir Kriegsknechte; und wenn ich sage zu einem: Gehe hin, so geht er; und zum anderen: Komm her, so kommt er; und zu meinem Knechte: Tue das, so tut er's. Da das Jesus hörte, verwunderte er sich und sprach zu denen, die ihm nachfolgten: Amen sage ich euch, solchen Glauben habe ich in Israel nicht gefunden … Und Jesus sprach zu dem Hauptmann: Gehe hin, dir geschehe, wie du geglaubt hast. Und sein Knecht ward gesund zu derselbigen Stunde.

Das Wesen dieser Heilungen ist der Glaube des Vermittlers. Nicht der Glaube des Kranken ist aufgerufen, wie bei der Mehrzahl der Heilungen – der Kranke weiß vielleicht gar nichts von dem Prozess –, aber außer dem Herrn muss auch ein Mensch einen besonderen Glauben haben, einen, der den Herrn in Erstaunen setzt. Der besondere Glaube – die Gewissheit –, die durch die Worte oder (wie in der Geschichte der Frau aus Samarien) durch das Verhalten des Vermittlers zum Ausdruck gebracht wird –, beinhaltet nicht nur, dass der Herr die Heilung herbeiführen kann, sondern auch, dass sein Wort aus der Entfernung zu wirken vermag. Das ist zu verstehen durch die Worte, mit denen er den besonderen Glauben des Menschen zur Kenntnis nimmt und dann die Heilung geschehen lässt (Mt 8,10; Mt 15,28; Lk 7,9; Mk 7,29). Durch den Glauben der Vermittler erreicht die heilende Dynamis oder sinntragende Kraft die entfernten Kranken: Sie sind mit dem Herrn und den Vermittlern in einen Lichtraum gehoben. Das Wissen darum bildet den Hintergrund für die besonderen Gewissheitsbezeugungen: Wo Heilungen dieser Art geschehen, haben Raum und Zeit keine Bedeutung.

Der andere bemerkenswerte Zug bei diesen Heilungen kommt nur im griechischen Text des Neuen Testaments zum Vorschein. Wo es deutsch heißt: «Sprich nur ein Wort», lesen wir EIPE LOGŌ. EIPEIN heißt generell «sagen», es hängt vom Kontext ab, in welcher Weise; z.B. kann es «segnen» bedeuten oder auch das Gegenteil. LOGŌ ist der Dativ von LOGOS, und dieses Wort bedeutet nicht einfach nur «Wort», sondern *das Wort,* die sinnschaffende Kraft Gottes. EIPE LOGŌ bedeutet deshalb nicht «sprich ein Wort», sondern viel eher «sprich mit der Logoskraft». Und so ist die Verwunderung Jesu viel verständlicher: Der Hauptmann verrät seine tieferen Kenntnisse von der Kraft, mit der der Herr heilt.

In der zweiten Fernheilung geht es nicht um eine körperliche Krankheit. Nach Matthäus (15,22) heißt es:

> *Und siehe, ein kanaanäisches Weib ging aus derselbigen Grenze und schrie ihm nach und sprach: Ach Herr, du Sohn Davids, erbarme dich mein! Meine Tochter ist vom Dämon schwer besessen. Und er antwortete ihr kein Wort. Da traten zu ihm seine Jünger, baten ihn und sprachen: Lass sie doch von dir, denn sie schreit uns nach. Er antwortete aber und sprach: Ich bin nicht gesandt, denn nur zu den verlorenen Schafen von dem Hause Israel. Sie kam aber und fiel vor ihm nieder und sprach: Herr, hilf mir! Aber er antwortete und sprach: Es ist nicht fein, dass man den Kindern ihr Brot nehme*

und werfe es vor die Hunde. Sie sprach: Ja, Herr, aber doch essen die Hündlein von den Brosamlein, die von ihrer Herren Tische fallen. Da antwortete Jesus, und sprach zu ihr: O Weib, dein Glaube ist groß; dir geschehe, wie du willst. Und ihre Tochter ward gesund zu derselben Stunde.

Dieselbe Geschichte findet sich auch bei Markus (7,25 ff.).*

Die Erscheinung des Menschen ist, wie jegliche mit den Sinnen wahrnehmbare Erscheinung, ein Zeichen für seine «Bedeutung», für seine «Mission», das heißt für das, dessentwegen er auf die Erde gekommen ist. Jeder Mensch hat solch eine mit Worten nicht ausdrückbare «Mission». Wenn wir uns mit sehr intensiver fühlender

* Es kann hier auffallen, dass Jesus zunächst nicht helfen will, da die Frau Heidin ist. Ähnliches wird bei der Aussendung der zwölf Jünger gesagt (Mt 10,5 ff.).

Diese zwölf sandte Jesus, gebot ihnen und sprach: Gehet nicht auf der Heiden Straße und ziehet nicht in der Samariter Städte; sondern gehet vielmehr hin zu den verlorenen Schafen aus dem Hause Israel.

«Vielmehr» das zweite zu tun beinhaltet kein absolutes Verbot des ersten. Obwohl hier klar ausgesagt wird: «Geht nicht in die Städte der Samaritaner», lässt der Herr sich in einem Dorf der Samaritaner «Herberge bestellen» (Lk 9,52); der barmherzige Samariter (Lk 10,33) ist sprichwörtlich geworden; von den zehn geheilten Aussätzigen kam nur einer dem Herrn zu danken (Lk 17,16) «... und fiel auf sein Angesicht zu seinen Füßen und dankte ihm. Und das war ein Samaritaner.» Im 4. Kapitel des Johannesevangeliums lesen wir das tiefsinnige lange Gespräch mit einer Samaritanerin. In der Apostelgeschichte vernehmen wir nichts mehr von dem Verbot (Kap. 8.).

Aufmerksamkeit nach innen wenden, können wir zu jeder Zeit empfinden, ob wir uns im Sinne dieser unserer Mission bewegen oder nicht. Krankheiten sind Anzeichen dafür, dass der Mensch die Richtung seiner Mission verlassen hat, sie sind Mahnungen, zu dem eigenen Weg zurückzufinden.

Die Heilungen durch den Herrn geschehen alle in diesem Sinne, daher kommen auch manchmal ein Widerstand oder Ausweich-Versuche zum Vorschein (z.B. bei der Heilung am See Bethesda). Die Heilungen urständen in der Sphäre der Bedeutungen, nicht im Gebiet der Zeichen, der Erscheinungen. Die Zeichen (was gesehen und beschrieben werden kann) wandeln sich mit den und durch die veränderten Bedeutungen – an diesen wirkt die Heilkraft. Die menschliche Umgebung sieht die geheilten Zeichen. In der geistigen Welt der Bedeutungen existiert kein Raum (keine Entfernung) und auch keine Zeit (die Heilungen geschehen fast alle momentan), deshalb kann Heilung auch von ferne geschehen. Durch das Bewusstsein des Vermittlers «findet» die Dynamis, die heilende sinntragende Kraft des Herrn, den Kranken. Dieser ist ja mit der Seele des Vermittlers verbunden, in seinem Bewusstsein anwesend und so dem Herrn zugänglich: Er kennt die Gedanken und Gefühle seiner Umgebung. Der Glaube des Vermittlers öffnet den Weg, ist der Weg für die Heilkraft vom Herrn zum Kranken.

In den Evangelien werden Heilungen beschrieben, die zwar nicht aus der Ferne, doch ohne eine Berührung geschehen. Der Herr heilt nicht nur seelische, sondern auch körperliche Krankheiten durch sein Wort. So geschieht es mit dem Gelähmten, der nach Markus (2,3 ff.) und Lukas (5,18 ff.) durch das geöffnete Dach zu Jesus gebracht wird.

Matthäus (9,2 ff.) erzählt diese Einzelheit nicht. Der Text nach Markus lautet:

> *Und es kamen etliche zu ihm, die brachten einen Gelähmten, von vieren getragen. Und da sie nicht konnten bei ihn kommen vor dem Volk, deckten sie das Dach auf, da er war, und gruben es auf und ließen das Bett hernieder, da der Gelähmte innen lag. Da aber Jesus ihren Glauben sah, sprach er zu dem Gelähmten: Mein Sohn, deine Sünden sind dir vergeben. Es waren aber etliche Schriftgelehrte, die saßen allda und gedachten in ihren Herzen: Wie redet dieser solche Gotteslästerung? Wer kann Sünde vergeben, denn allein Gott? Und Jesus erkannte bald in seinem Geist, dass sie also gedachten bei sich selbst, und sprach zu ihnen: Was gedenket ihr solches in euren Herzen? Welches ist leichter, zu dem Gelähmten zu sagen: Dir sind deine Sünden vergeben, oder: Stehe auf, nimm dein Bette und wandele? Auf dass ihr aber wisset, dass des Menschen Sohn Macht hat zu vergeben die Sünden auf Erden: (sprach er zu dem Gelähmten): Ich sage dir, stehe auf, nimm dein Bette und gehe in dein Haus. Und alsbald stand er auf, nahm sein Bette und ging hinaus vor allen, also, dass sie sich alle entsetzten, und priesen Gott und sprachen: Wir haben solches noch nie gesehen.*

Die Anrede «Mein Sohn» (wie auch in der Geschichte der blutenden Frau «Meine Tochter») zeigt, wie sich Jesus empfunden hat gegenüber den Menschen, den Kranken. Man kann annehmen, dass die Kranken vom Alter her nicht Söhne (oder Töchter) eines etwa Dreißigjährigen sein konnten. Aber an dem ihm innewohnenden Logos gemessen sind alle Menschen seine Kinder. Das Befreien von Sünden «auf Erden» deutet auf die momentane Entfernung des Mich oder des trennenden Mantels, des unteren Menschen. Der verbleibende obere Mensch, nunmehr außerhalb der Leiblichkeit und unabhängig von ihr, kann dem Wort des Herrn folgen: «Stehe auf ...». Es heißt: «Gehe in dein Haus», oft mit «heim» wiedergegeben; jedoch bedeutet «Haus» im Neuen Testament oft das Alltagsbewusstsein, aus dem der Kranke bei der Heilung herausgeholt wird.[14]

Bei Lukas ist diese Geschichte fast gleich wie bei Markus, während sie bei Matthäus leicht abweicht, bei ihm steht nicht «Ich sage dir». Dieses Wort unterstreicht die Ichhaftigkeit der Heilung, die auch daraus zu ersehen ist, dass sie am hellen Tag, vor vielen Zeugen geschieht, im Gegensatz zu den damals nicht seltenen, aber in einem besonderen, nicht wachen Bewusstseinszustand vollzogenen Heilungen. Was die Zeugen «entsetzt» – in Verwunderung setzt –, ist eben dieser Zug, die Öffentlichkeit der Heilung. Das «Ich sage dir» ist rational gesehen überflüssig (im Griechischen ist das Wort «ich» nicht notwendig, es ist in der Form des Verbs angezeigt, denn er spricht ja ohnehin die Anweisung: «Stehe auf ...»; es verhilft dem Kranken dazu, das Gesagte wach aufzunehmen. Diese Worte finden sich auch in der Geschichte vom Jüngling aus Nain (Lk 7,14) und in der Geschichte von der Tochter des Jairus (Mk 5,41).

Eine andere Heilung durch das Wort gehört zu den Sabbat-Geschichten, wobei der Herr auch die Heiligkeit dieses Tages zur Heilung verwendet; da kommt er in Konflikt mit den Schriftgelehrten, die an diesem Tag jegliche Arbeit als verboten betrachten. Die Heilung geschieht in der Synagoge, wieder öffentlich; ein Mann mit einer verdorrten Hand ist der Prüfstein zwischen Jesus und den Pharisäern und Schriftgelehrten (Mt 12,6 ff.; Mk 3,1 ff.; Lk 6,6 ff.). In der Fassung des Markusevangeliums (2,27-3,6) lautet dies:

> *Und er sprach zu ihnen: Der Sabbat ist um des Menschen willen gemacht, und nicht der Mensch um des Sabbats willen; so ist des Menschen Sohn ein Herr auch des Sabbats.*
>
> *Und er ging abermal in die Synagoge. Und es war da ein Mensch, der hatte eine verdorrte Hand, und sie hielten ihn auf, ob er auch am Sabbat ihn heilen würde, auf dass sie eine Sache zu ihm hätten. Und er sprach zu dem Menschen mit der verdorrten Hand: Tritt hervor. Und er sprach zu ihnen: Soll man am Sabbat Gutes tun oder Böses tun, das Leben erhalten oder töten? Sie aber schwiegen stille. Und er sah sie umher an mit Zorn, und war betrübt über ihrem versteckten Herzen, und sprach zu dem Menschen: Strecke deine Hand aus. Und er streckte sie aus; und die Hand ward ihm gesund, wie die andere. Und die Pharisäer gingen hinaus und hielten alsbald einen Rat mit Herodis Dienern über ihn, wie sie ihn umbrächten.*

Nach der Heilung werden die Pharisäer und die Schriftgelehrten mit ANOIA – Sinnlosigkeit erfüllt (Luther und auch Zwingli übersetzen «sinnlose Wut» (Lk 6,11). Außer dass sie die lebendige, wirksame Geistigkeit nicht ertragen konnten, war ihnen das Öffentliche an Jesu Wundertaten ein Dorn im Auge. Das ist aber der allgemeine Grundzug des Neuen Testaments, die Tendenz zur Unverborgenheit,[15] das heißt, was früher nur im Verborgenen geschehen ist, soll im Christentum im Licht ausgeführt werden (Mt 10,26; Lk 12,2). Der Kranke mit der verdorrten Hand scheint bei alledem ziemlich passiv zu sein; doch kann man ahnen, dass durch das Sich-Hinstellen in die Mitte in ihm die Hoffnung und der Glaube zur Genesung aufblühen. Es wird bei der Besprechung der Heilung Mk 9,24 ff. ersichtlich, dass die Anwesenheit eines «offenen» Wesens, wie Jesus, dem die Himmel offen sind, diese auch für andere öffnet, wie die eigene Offenheit zum überbewussten Seelenhimmel Ähnliches bei anderen induziert.

Die Heilung des blinden Bettlers Bartimäus (Mk 10,46; Lk 18,35) erfolgt ebenfalls durch das Wort. Der Text lautet (nach Mk):

> *Und sie kamen gen Jericho. Und da er aus Jericho ging, er und seine Jünger und sein großes Volk, da saß ein Blinder, Bartimäus, Timäi Sohn, am Wege und bettelte. Und da er hörte, dass es Jesus von Nazareth war, fing er an zu schreien und zu sagen: Jesu, du Sohn Davids, erbarme dich mein! Und viele bedrohten ihn, er sollte stille schweigen. Er aber schrie vielmehr: Du Sohn Davids, erbarme dich mein! Und Jesus stand stille und ließ ihn rufen. Und sie riefen den Blinden und sprachen zu ihm: Sei getrost, stehe auf, er ruft dich. Und er warf sein Kleid von sich, stand auf und kam zu Jesu. Und Jesus antwortete und sprach zu ihm: Was willst du, dass ich dir tun soll? Der Blinde sprach zu ihm: Rabbuni, dass ich sehend werde. Jesus aber sprach zu ihm: Gehe hin, dein Glaube hat dich gerettet. Und alsbald ward er sehend und folgte ihm nach auf dem Wege.*

Wie die Frau aus Kanaan, erkennen die geheilten Blinden Jesus als den Sohn Davids. Weil sie die sichtbaren Zeichen nicht beirren, «sehen» sie das Wesen des Herrn, erkennen den Messias. Und das «errettet» sie (Luther übersetzt «dein Glaube hat dir *geholfen*»). Im Griechischen steht hier das Verbum SOZO, das «heil machen, behalten, bewahren, retten, befreien, erlösen» bedeutet. Als Heiland heißt der Herr SOTER, aus demselben Verb gebildet. SOTERIA heißt «Erhaltung, Rettung, Sicherheit, Geborgenheit». Für das, was im deutschen Text als «er ward sehend» wiedergegeben wird, steht im Griechischen nur ein Wort: ANABLEPEIN, es bedeutet: «hinaufschauen, hinaufblicken»; in diesem Sinne wird es bei der Brotvermehrung verwendet (Mt 14,19; Mk 6,41; Lk 9,16) und bei einer Heilung (Mk 7,34): Der Herr blickt zum Himmel auf. Wenn wir die Blindenheilungen meditieren, ziehen wir diese Bedeutungsschattierung in Betracht. Außer Bartimäus scheinen weitere Blinde durch Berührung ihrer Augen geheilt worden zu sein (Mt 9,27; 20,29 ff.). Die schon erwähnten zehn Aussätzigen werden ohne Berührung geheilt (Lk 17,11).

13. Meditation: Sprich mit dem Logos, mit der Logoskraft (EIPE LOGŌ).

14. Meditation: Ich sage dir, stehe auf, nimm dein Bette und gehe in dein Haus.

2. *Heilungen durch Berührung*

Durch die Berührung des Herrn, auch durch die Berührung seiner Kleidung werden Kranke geheilt. Bei Matthäus 14,35 heißt es:

> *Und da die Leute am selbigen Ort (Genezareth) sein gewahr wurden, schickten sie aus in das ganze Land umher und brachten allerlei Ungesunde zu ihm und baten ihn, dass sie nur seines Kleides Saum anrührten. Und alle, die da anrührten, wurden gesund.*

Bei Lukas 6,19 wird Ähnliches beschrieben:

> *Und alles Volk begehrte ihn anzurühren; denn es ging eine Kraft von ihm aus und heilte alle.*

Diese Kraft des Herrn wird auch in der Geschichte von der blutflüssigen Frau erwähnt (Mk 5,30), sie berührt sein Kleid und gesundet.

> *Und Jesus fühlte alsbald an sich selbst die Kraft, die von ihm ausgegangen war.*

Für «Kraft» steht in diesen Schilderungen im Griechischen das Wort DYNAMIS. Es bedeutet neben Kraft, Bewegungskraft auch *Bedeutung.* Etwa wie in diesem Satz: Die Bedeutung ist die Kraft (Dynamis) dieses Satzes. Es ist keine blinde, formlose Kraft, die vom Herrn ausgeht, sondern sie ist sinnvoll in doppeltem Sinne: Sie stellt die sinnvolle Form eines kranken Körperteiles wieder her und zugleich stellt sie die Möglichkeit des sinnvollen Lebens her, rückt den Geheilten in die Richtung seiner individuellen irdischen Mission, gibt seinem Leben neuen – den ursprünglichen – Sinn.

Durch Berührung wird ein Aussätziger geheilt (Mt 8,2 ff.; Mk 1,40; Lk 5,12). Die Geschichte lautet nach Markus:

> *Und es kam zu ihm ein Aussätziger, der bat ihn, kniete vor ihm und sprach zu ihm: Willst du, so kannst du mich wohl reinigen. Und es jammerte Jesum, und er reckte die Hand aus, rührte ihn an und sprach: Ich will, sei gereiniget. Und als er so sprach, ging der Aussatz alsbald von ihm, und er ward rein.*

Die Dynamis ist selber formfrei, daher kann diese Kraft Formen wiederherstellen. Bei der Auferweckung des toten Jünglings von Nain (Lk 7,14) berührt der Herr den Sarg, in dem der Tote liegt. Die drei Synoptiker berichten von der Heilung der Schwiegermutter des Simon Petrus (Mt 8,14; Lk 4,38). Bei Markus (1,30) lesen wir:

> *Und die Schwiegermutter Simons lag und hatte das Fieber; und alsbald sagten sie ihm von ihr. Und er trat zu ihr und richtete sie auf und hielt sie bei der Hand; und das Fieber verließ sie bald, und sie diente ihnen.*

Wir finden in den Evangelien auch Geschichten, in denen die Heilung nicht durch einfache Berührung, sondern durch Auftragung von Stoffen vor sich geht. So bei der Heilung eines Taubstummen (Mk 7,32 ff):

Und sie brachten zu ihm einen Tauben, der stumm war, und sie baten ihn, dass er die Hand auf ihn legte. Und er nahm ihn von dem Volk besonders und legte ihm die Finger in die Ohren und spützte und rührte seine Zunge. Und sah auf gen Himmel, seufzte und sprach: Hephata! das ist: tue dich auf. Und alsbald taten sich seine Ohren auf, und das Band seiner Zunge ward los, und redete recht.

Auch die stufenweise Heilung eines Blinden (Mk 8,22 ff.) sowie des Blindgeborenen (J 9,1 ff.) geht über das bloße Berühren hinaus.

Die Heilung der alten krummen Frau (Lk 13,11 ff.) geschieht durch Handauflegung – am Sabbat und betont öffentlich:

Und siehe, ein Weib war da, das hatte einen Geist der Krankheit achtzehn Jahre, und sie war krumm und konnte nicht wohl aufsehen. Da sie aber Jesus sah, rief er sie zu sich und sprach zu ihr: Weib, sei los von deiner Krankheit! Und legte die Hände auf sie; und alsobald richtete sie sich auf und pries Gott.

Die letzte Heilung betrifft das Ohr, das Petrus dem Knecht – Malchus – bei der Gefangennahme Christi mit dem Schwert abgehauen hat (Mk 14,47; Mt 26,51); nur bei Lukas (22,51) wird von der Heilung – durch Berühren – erzählt und nur bei Johannes (18,10) wird der Name Petrus erwähnt.

Was ist die Rolle der Berührung bei den Heilungen?

Berühren die Kranken den Herrn, so ist ihr Glaube die Bedingung dafür, dass sich seine Dynamis auf den ihn Berührenden überträgt. Bei zufälliger Berührung geschieht nichts dergleichen (s. die Geschichte der Jairus-Tochter und die damit verbundene Heilung der Frau mit Blutgang). Wenn der Herr den Kranken berührt, kann dies auch noch eine andere Bedeutung haben. Besonders im Fall der Tochter des Jairus, bei der Schwiegermutter Simons und bei dem Aussätzigen könnte es sein, dass die Berührung die Funktion hat, den geheilten Menschen, sein geistiges Wesen in die Leiblichkeit zurückzuholen, indem sie ihn seine Leiblichkeit empfinden lässt. Denn die Heilung selbst geschieht immer so, dass das Geistwesen «außerhalb», d.h. unabhängig von der Leiblichkeit in das Licht, in die formfreie Lichtsphäre gehoben wird. Das wird sicher der Fall sein beim geheilten Kind (Mk 9,26), das wie tot liegen bleibt, nachdem der unreine Geist aus ihm vertrieben worden ist: Der Herr greift es an der Hand und stellt es auf die Beine. Man kann ahnen, dass oft beide Funktionen der Berührung wirksam sind, wenn die Berührung vom Herrn ausgeht.

15. Meditation: Ich will, sei gereiniget.

3. *Einzelne Heilungen*

In diesem Kapitel betrachten wir einige Heilungen, die im Neuen Testament ausführlich dargestellt werden und insofern von besonderer Wichtigkeit zu sein scheinen.

Der Lahme bei Bethesda (J 5,2 ff.):

Es ist aber zu Jerusalem bei dem Schafhause ein Teich, der heißt auf hebräisch Bethesda und hat fünf Hallen, in welchen lagen viele Kranke, Blinde, Lahme, Dürre; die warteten, wann sich das Wasser bewegte. Denn ein Engel fuhr herab zu seiner Zeit in den Teich und bewegte das Wasser. Welcher nun als erster, nachdem das Wasser bewegt war, hineinstieg, der ward gesund, mit welcherlei Seuche er auch belastet war. Es war aber ein Mensch daselbst acht und dreißig Jahre krank gelegen. Da Jesus denselbigen sah liegen und vernahm, dass er so lange gelegen war, spricht er zu ihm: Willst du gesund werden? Der Kranke antwortete ihm: Herr, ich habe keinen Menschen, wenn das Wasser sich bewegt, der mich in den Teich lasse; und wenn ich komme, so steiget ein anderer vor mir hinein. Jesus spricht zu ihm: Stehe auf, nimm dein Bett und gehe hin. Und alsobald ward der Mensch gesund, und nahm sein Bette und ging hin. Es war aber desselbigen Tages der Sabbat.

Die Frage Jesu lautet: Willst du gesund gemacht werden? (eine passive Struktur). Da ihm bekannt ist, wie lange jener schon wartet, bezieht sich diese Frage sicher nicht auf den Alltagswillen (wie etwa ein «möchtest du …»), sondern sie zielt auf den Urwillen des Menschen, auf die ganze Mission, mit der ein Mensch auf die Erde kommt. «Willst du …» oder «Hast du jenen Urwillen, der, wenn er nicht verloren geht, keine Krankheit zulässt?» Das Wort «gesund» oder «heil» (im Englischen «to be made whole», d.h. «ganz» gemacht werden, heil, gesund werden) beinhaltet, dass man im Sinne der eigenen Urmission lebt – in diesem Fall kann keine Krankheit dem Menschen nahe kommen. Die Antwort des Kranken zeigt, dass er die Frage nicht versteht. Er spricht aus dem Alltagsbewusstsein und er weicht aus. Er wagt nicht zu sagen: «Ich will.» Ja, er kann es nicht einmal im Sinne des Alltagswillens sagen. Man hat den Eindruck: Eigentlich will er die Situation gar nicht ändern, er haftet an ihr; der Gewohnheitsmensch ist zunächst stark, will keine Änderung, denn jede Veränderung im Leben ist ein Risiko, während die seit 38 Jahren bestehende Situation zwar peinlich und unbefriedigend, aber nicht unbekannt, nicht riskant ist. Wird er geheilt, so verändert sich sein seit langem in festen Bahnen verlaufendes Leben dramatisch, es wird unvorhersehbar und riskant. Wenn wir ehrlich sind, würden wir die Frage des Herrn mit einem verschämten, aber dezidierten «Nein» beantworten. Das tut auch der Kranke zunächst, nur nicht offen. Wäre weiter nichts geschehen, so hätte keine Heilung stattfinden können. Die Bewusstseinsebene, auf der gesprochen wurde, hätte dazu verlassen werden müssen. Dadurch jedoch, dass im Aussprechen der Antwort die seelische Grundeinstellung nach außen getreten ist und die Seele sich mit dieser konfrontiert sah, ist etwas geschehen – etwas, das im Text nicht erscheint, weil es ohne Worte vor sich ging. Wenn wir das wortlose Geschehen in Worte fassen würden – was immer nur eine Andeutung der Richtung des inneren Vorganges, der Wandlung im Fühlen sein kann –, dann würde es vielleicht so klingen: «O Gott, was habe ich gesagt? Was für eine unpassende Antwort habe ich gegeben! Es ist nicht mein innerstes Wesen, das gesprochen hat. Herr, verzeihe, was ich geredet habe. Ja, ich will, ich sage ja zum Heilwerden, zur Veränderung, zum Leben.» Der Schreck über das von ihm Gesagte öffnet den Menschen.

Was habe ich getan? Diese Frage bleibt nicht in der Gegenwart stehen, sie durchläuft seine ganze Vergangenheit, nicht in den Einzelheiten der Biografie, aber dem Gefühl nach, und wahrscheinlich reicht die Gefühlsflamme auch durch frühere Leben, eigentlich zurück bis zum Paradies. Denn um geheilt zu werden, muss der Mensch wie zurückgeführt werden vor den Sündenfall – von da an datiert jede Krankheit, die wir im Jetzt erleben.

Mit solcher Rückschau – nicht im Bewusstsein, sondern im überbewussten Fühlen – ist der Kranke geheilt. Daraufhin sagt ihm Jesus, der die Wandlung ohne Worte verfolgt hat: «Stehe auf ...» Und es geschieht. Der Aufforderung «Nimm dein Bette» begegnen wir auch bei den Heilungen anderer Gelähmter, z.B. Mk 2,11; Mt 9,6; Lk 5,24). Der Sinn dieses Handelns könnte sein (die Worte geben wiederum nur die Richtung an): «Lasse deine Vergangenheit, auf der du lagertest, nicht liegen; worauf du lagst, was dich getragen hat, trage du es jetzt, werde tätig daran.» Jesus spricht zu diesem Kranken nicht das heilende Wort (wie «deine Sünden sind vergeben»), sondern er sagt ihm, was er tun soll, nachdem oder indem er schon geheilt ist und dazu fähig, aufzustehen und zu gehen.

Die Heilung am Teich Bethesda spielt sich am Sabbat ab: An diesem Tag sollte man sein Bett nicht tragen. Aber das ist für die Schriftgelehrten nur ein Vorwand, den Herrn zu verfolgen; die Heilung hat in größter Öffentlichkeit (J 5,13) stattgefunden – das war der größere Skandal.

Das Nachspiel beginnt mit Vers 13:

Der aber gesund war geworden, wusste nicht, wer er war, denn Jesus war gewichen, da so viel Volks an dem Ort war. Darnach fand ihn Jesus im Tempel und sprach zu ihm: Siehe zu, du bist gesund geworden, sündige hinfort nicht mehr, dass dir nicht etwas Ärgeres widerfahre. Der Mensch ging hin und verkündigte es den Juden, es sei Jesus, der ihn gesund gemacht habe.

Die Heilung geschieht, indem das gewöhnliche Bewusstsein für einen Augenblick verlassen wird. Vorher und nachher ist der Geheilte in seinem Alltagsbewusstsein, er wird gefragt, antwortet und nachher tut er, was Jesus ihm sagt. Als Jesus ihn im Tempel anspricht, erkennt er seinen Heiler wieder. Und nun geschieht mit dem Geheilten etwas wie ein Rückfall. Die mahnenden Worte «dass dir nicht Ärgeres widerfahre» lassen ahnen, dass Jesus die Gefährdung sah. Anstatt seinem Heiler zu folgen, meldet der Geheilte den Schriftgelehrten, wer ihm nahe gelegt hat, sein Bett zu tragen.

16. Meditation: Willst du gesund werden?

Der Vater mit seinem von einem «stummen» Geist besessenen Sohn

Dies ist vielleicht die menschlichste Geschichte unter den Heilungen. Sie lautet (Mk 9,17 ff.):

Und einer aus dem Volk antwortete ihm: Meister, ich habe meinen Sohn zu dir gebracht, der einen stummen Geist hat; und wo er ihn überfällt, reißt er ihn herum, und er schäumt und knirscht mit den Zähnen, und er magert ab. Und ich sagte deinen Jüngern, sie möchten ihn austreiben; und sie vermochten es nicht. Da antwor-

tete er ihnen und sprach: O du ungläubiges Geschlecht, wie lange soll ich bei euch sein? wie lange soll ich euch ertragen? Bringet ihn zu mir! Und sie brachten ihn zu ihm. Und als er ihn sah, riss ihn der Geist alsbald hin und her, und er fiel auf die Erde und wälzte sich schäumend. Und er fragte seinen Vater: Wie lange ist es her, dass ihm dies widerfahren ist? Er antwortete: Von Kindheit an; und er hat ihn oft sogar ins Feuer und ins Wasser geworfen, um ihn umzubringen. Aber wenn du etwas vermagst, so hab Erbarmen mit uns und hilf uns! Da sprach Jesus zu ihm: Wenn du etwas vermagst? Alles ist möglich dem, der glaubt. Alsbald rief der Vater des Knaben laut: Ich glaube! Hilf meinem Unglauben! Als aber Jesus sah, dass das Volk zusammenlief, bedrohte er den unreinen Geist und sprach zu ihm: Du stummer und tauber Geist, ich gebiete dir: Fahre aus von ihm und fahre nicht mehr in ihn hinein! Und nachdem er geschrien und ihn heftig hin und her gerissen hatte, fuhr er aus; und er wurde wie tot, so dass die meisten sagten: Er ist gestorben. Jesus aber ergriff ihn bei der Hand und richtete ihn auf, und er stand auf. (Zürcher Bibel)

Der Vater ist enttäuscht darüber, dass die Jünger sein Kind nicht heilen konnten. Nun ist er auch unsicher, ob Jesus es vermag. «Wenn du etwas vermagst ...» Jesu Antwort ist in verschiedenen Quellen unterschiedlich gegeben; die wahrscheinlichste Version wäre: «Vermagst du etwas?», die Worte des Vaters mit einem Lächeln wiederholend – die einzige Stelle im Neuen Testament, wo man ein Lächeln ahnen kann. Es könnte auch der Vater so angeredet werden – ein sehr menschennahes Gespräch jedenfalls.

Dann aber wird die Geschichte noch emotionaler; nach

den Worten Jesu an den Vater «Alles ist möglich dem, der glaubt» erkennt der Vater, mit wem er es zu tun hat. Was geschieht, geht ohne Worte vor sich (wie bei dem Kranken bei Bethesda). Was habe ich gesagt? Was habe ich getan? Eine Rückschau im Fühlen, zurück durch das Leben, durch vorangehende Leben, bis zum Paradies. Unter Tränen schreit er laut: «Ich glaube!» Die Gewissheit blitzt in ihm auf, um sofort wieder zu erlöschen: «Hilf meinem Unglauben!» Dieser Satz ist die Rettung. Denn er «sieht» seinen Unglauben und glaubt zugleich, dass man dem abhelfen kann, er glaubt an die Hilfe. Er «weiß» auch, dass davon die Heilung seines Sohnes abhängt, dass zur Heilung immer zwei da sein müssen, die glauben. Damit öffnet er sich – auch der Schreck, dass das Kind nicht geheilt werden könnte, trägt zur Öffnung bei – der Wirkung des Uroffenen und diese induziert in ihm die große Offenheit, die Gewissheit. Nicht nur, dass die Heilung erfolgen kann, sondern die absolute Gewissheit, die man so ausdrücken könnte: Es ist alles in Ordnung, sinnvoll, Gnade ist immer da. Die Ungewissheit (APISTIA) des Vaters wird geheilt und damit auch sein Kind.

17. Meditation: Hilf meinem Unglauben (meiner Ungewissheit).

Die Heilung des Blindgeborenen

Diese Heilung ist aus verschiedenen Gründen, auch weil sie und die Nachgeschichte sehr eingehend erzählt werden, im Hinblick auf die ganze heilende Tätigkeit des Herrn charakteristisch. Es geht ja andauernd um das Licht in dieser Geschichte (J 9,1-10):

> *Und Jesus ging vorüber und sah einen, der blind geboren war. Und seine Jünger fragten ihn und sprachen: Meister, wer hat gesündiget, dieser oder seine Eltern, dass er ist blind geboren? Jesus antwortete: Es hat weder dieser gesündigt noch seine Eltern, sondern dass die Werke Gottes offenbar würden an ihm. Ich muss wirken die Werke des, der mich gesandt hat, so lange es Tag ist, es kommt die Nacht, da niemand wirken kann. Dieweil ich bin in der Welt, bin ich das Licht der Welt. Da er solches gesagt, spützte er auf die Erde und machte einen Kot aus dem Speichel und schmierte den Kot auf des Blinden Augen und sprach zu ihm: Gehe hin zu dem Teich Siloah (das ist verdolmetscht: gesandt) und wasche dich. Da ging er hin und wusch sich und kam sehend. Die Nachbarn und die ihn zuvor gesehen hatten, dass er ein Bettler war, sprachen: Ist dieser nicht, der da saß und bettelte? Etliche sprachen: Er ist's. Etliche aber: Er ist ihm ähnlich. Er selbst aber sprach: Ich bin.*

Nun folgt eine in die Einzelheiten gehende Beschreibung, wie der Geheilte ausgefragt wird durch die Nachbarn und die Pharisäer, wer ihn geheilt habe und wie, und da es Sabbat war an dem Tag, kommt auch wieder das Vergehen des Heilenden zur Sprache. Seine Eltern werden ebenfalls gefragt, sie weigern sich, etwas zu sagen, «denn die Juden hatten sich schon vereiniget, so jemand ihn für Christum bekennete, dass derselbige in den Bann getan würde». Das geschieht letztlich auch mit dem Blindgeborenen. Vers 35-41:

Es kam vor Jesum, dass sie ihn ausgestoßen hatten. Und da er ihn fand, sprach er zu ihm: Glaubst du an den Sohn Gottes? Er antwortete und sprach: Herr, welcher ist's, auf dass ich an ihn glaube? Jesus sprach zu ihm: Du hast ihn gesehen, und der mit dir redet, der ist's. Er aber sprach: Herr, ich glaube, und warf sich vor ihm nieder. Und Jesus sprach: Ich bin zum Gericht auf diese Welt gekommen, auf dass, die da nicht sehen, sehend werden, und die da sehen, blind werden. Und solches hörten etliche der Pharisäer, die bei ihm waren, und sprachen zu ihm: Sind wir denn auch blind? Jesus sprach zu ihnen: Wäret ihr blind, so hättet ihr keine Sünde; nun ihr aber sprechet: Wir sind sehend, bleibet eure Sünde.

Aus der anfänglichen Frage der Jünger geht hervor, dass ihnen Reinkarnation etwas Selbstverständliches war. Jesu Antwort auf ihre Frage zeigt, dass eine mitgeborene Schwäche, wie Blindheit, überhaupt nicht von der Vergangenheit her bedingt sein muss, sie kann einen ganz anderen Sinn haben, z.B. den Mitmenschen einen Impuls zu geben oder den inneren Gotteskeim des Menschen zur Offenbarung zu bringen – wie es in dieser Geschichte zu sehen ist.

Der Gang zum Teich Siloah sichert oder prüft den Glauben des Blinden – es muss eine Gewissheit sein, die über das momentane Aufblitzen hinaus andauert auf dem ganzen Weg, bis er seine Augen im Wasser waschen kann. Mit seinem Ich-bin-Wort sagt der Geheilte (außer dem Herrn ist er der Einzige im Neuen Testament, der EGO EIMI – ich bin – sagt) eigentlich: Jeder Ich-bin ist das Licht der Welt, in jedem solchen Wesen wacht die Welt zum Bewusstwerden auf, erhält sie ihre Bedeutung. Die ist nur dem Menschen zugänglich, falls er zu seinem wahren Selbst erwacht.

Und das ist unabhängig von der Vergangenheit. Die Worte, mit denen Jesus sich zu erkennen gibt (Vers 37), erhalten Sinn, wenn man den Sprechenden von der leiblichen Erscheinung trennen kann – das wird gefordert.[16] «Gesehen» hat der Blindgeborene ihn in der Heilung; deshalb die Vergangenheitsform des Verbs, er steht ja vor dem Herrn, sieht ihn mit den physischen Augen, aber Jesus nimmt nicht auf dieses Sehen Bezug.

Das Ende des Kapitels, Jesu Worte an die Pharisäer, drücken etwas aus, das jeden Menschen betrifft: Gemessen an oder verglichen mit dem, was wir sehen (erkennen) könnten, wenn unsere potenziellen Fähigkeiten entwickelt wären, sind wir alle blind.

18. Meditation: Ich bin das Licht der Welt.

Die Tochter des Jairus und die blutflüssige Frau

Diese Heilung wird in allen drei synoptischen Evangelien, mit unbedeutenden Abweichungen, wiedergegeben (Mt 18-26; Mk 5,22-42; Lk 8,41-56). Wir lesen sie nach Markus:

> *Und siehe, da kam der Obersten einer von der Synagoge, mit Namen Jairus, und da er ihn sah, fiel er ihm zu Füßen und bat ihn sehr und sprach: Meine Tochter ist in den letzten Zügen; du wollest kommen und deine Hand auf sie legen, dass sie gesund werde und lebe. Und er ging hin mit ihm, und es folgte ihm viel Volks nach, und sie drängten ihn. Und da war ein*

Weib, das hatte den Blutgang zwölf Jahre gehabt und viel erlitten von vielen Ärzten und hatte all ihr Gut darob verzehret und half ihr nichts, sondern vielmehr ward es ärger mit ihr. Da die von Jesus hörte, kam sie im Volk von hinten zu und rührte sein Kleid an. Denn sie sprach: Wenn ich nur sein Kleid möchte anrühren, so würde ich gesund. Und alsbald vertrocknete der Brunn ihres Bluts und sie fühlte es am Leibe, dass sie von ihrer Plage war gesund geworden. Und Jesus fühlte alsbald an sich selbst die Kraft, die von ihm ausgegangen war, und wandte sich um zum Volk und sprach: Wer hat meine Kleider angerührt? Und die Jünger sprachen zu ihm: Du siehest, dass dich das Volk drängt, und sprichst: Wer hat mich angerührt? Und er sah sich um nach der, die das getan hatte. Das Weib aber fürchtete sich und zitterte (denn sie wusste, was an ihr geschehen war), kam und fiel vor ihm nieder und sagte ihm die ganze Wahrheit. Er aber sprach zu ihr: Meine Tochter, dein Glaube hat dich gerettet; gehe hin mit Frieden und sei gesund von deiner Plage. Da er noch also redete, kamen etliche vom Gesinde des Obersten der Synagoge und sprachen: Deine Tochter ist gestorben, was bemühst du weiter den Meister? Jesus aber hörte bald die Rede, die da gesagt ward, und sprach zu dem Obersten der Synagoge: Fürchte dich nicht, glaube nur. Und ließ niemand ihm nachfolgen, denn Petrus, und Jakobus, und Johannes, den Bruder Jakobi. Und er kam in das Haus des Obersten der Synagoge und sah das Getümmel und die da sehr weinten und heulten. Und er ging hinein und sprach zu ihnen: Was tummelt und weint ihr? Das Kind ist nicht gestorben, sondern es schläft. Und sie verlachten ihn. Und er trieb sie alle aus und nahm mit sich den

Vater des Kindes und die Mutter und die bei ihm waren, und ging hinein, da das Kind lag. Und ergriff das Kind bei der Hand und sprach zu ihr: Talitha kumi; das ist verdolmetscht: Mägdlein, ich sage dir, stehe auf. Und alsbald stand das Mägdlein auf und wandelte; es war aber zwölf Jahre alt.

In dieser Geschichte geht es um zwei Heilungen, die zusammenhängen. Erst wird die Frau mit dem Blutfluss geheilt. Bei ihrer Berührung allein fühlt Jesus, dass von ihm Kraft – DYNAMIS – ausgeht, obwohl er von vielen bedrängt war. Es ging nicht um die Berührung, sondern um den Glauben – die Berührung war Zeichen, nicht Bedeutung. Er spricht die Frau mit dem Wort «Tochter» an – altersmäßig konnte das nicht berechtigt sein. Die Ansprache ist wie ein Widerhall der Worte des Vaters am Anfang der Erzählung. Beide Geheilten heißen nun «Tochter». Die eine hat Blutüberfluss, die andere steht im Alter eben vor dem Erwachsenwerden. Nachdem er die Todesnachricht vernommen hat, spricht der Herr die Kernworte (Vers 36): «Fürchte dich nicht, glaube nur.» Gewissheit wird gefordert, generell und im Hinblick auf die Auferweckung des Kindes. Ohne den Glauben des Vaters könnte die Tochter nicht aus dem Tod zurückgeholt werden: Das wird dem Vater gesagt. Sein Glaube ist, wie die Leinwand für den Maler, der magische Hintergrund, auf dem die Auferweckung als Bild erscheint: Die Atmosphäre der Gewissheit, die völlige Überzeugung, dass es geschehen wird, ohne den leisesten Schatten des Zweifels – das alles ist mit enthalten in der absoluten Gewissheit. Es hilft die Anwesenheit des Logosträgers.

19. Meditation: Wenn ich nur sein Kleid anrühren könnte, wäre ich gerettet.

20. Meditation: Fürchte dich nicht, glaube nur.

Blindenheilungen

Die Heilungen gleichen der des Bartimäus, nur dass bei Bartimäus keine Berührung der Augen erwähnt wird (Mk 10,46-52; Lk 18,35-43). Sonst ist alles fast wörtlich dasselbe: Die Heilungen geschehen in der Nähe von Jericho, der Herr fragt, was die Blinden wollen, dass er ihnen tue, und nach der Heilung folgen sie ihm. Dass bei Matthäus 20,29-34 von zwei Blinden die Rede ist, scheint nicht wichtig zu sein; auch bei den Austreibungen von Dämonen sind wir Ähnlichem begegnet. Die vierte Blindenheilung erfolgt in der Nähe von Nazareth (Mt 9,27-31). Es sind wieder zwei Bettler, die gar nicht sagen, was sie wünschen, sie bitten nur um Erbarmen. Ohne dass sie (wie es bei den anderen Heilungen geschehen ist) ihren Wunsch zum Ausdruck gebracht hätten, fragt der Herr sie: Glaubet ihr, dass ich euch solches tun kann? Nach der Bejahung berührt er ihre Augen. Euch geschehe nach eurem Glauben. In den Berichten von Markus und Lukas wird keine Berührung erwähnt, nur in den zwei Geschichten des Matthäus. Alle Blinden sprechen den Herrn als den Sohn Davids an. Das ahnt das «Volk» nach einer besonderen Blindenheilung (Mt 12,22-23):

> *Da ward ein Besessener zu ihm gebracht, der war blind und stumm; und er heilete ihn, also dass der Blinde und*

Stumme beides redete und sah. Und alles Volk entsetzte sich und sprach: Ist dieser nicht Davids Sohn?

Beim Einzug in Jerusalem wird diese Ahnung zur Gewissheit (Mt 21,9). Die Abweichungen in den Berichten der einzelnen Evangelien können durch die meditative Behandlung der «Informationen» entstehen. In der Meditation wird das Wesen des Themas (hier der Blindenheilungen) erlebt: Der Glaube, das Aussprechen-Müssen des Wunsches, auch das Erkennen des Messias, «Davids Sohn». Aber darüber hinaus kann die lichte, meditative Ahnung auftauchen: Es geht wieder auch menschheitlich um das Sehen, durch den Übergang im Glauben, in der Gewissheit, durch die Form des Verhältnisses von Mensch und Gottheit im frühen Christentum. Durch das Nicht-Sehen wird das «Sehen», die Erfahrung der Geistigkeit wieder eingeläutet, auch durch die Blindenheilungen, zu denen die Heilung des Blindgeborenen gehört.

21. Meditation: Was wollt ihr, dass ich euch tun soll? Dass unsere Augen aufgetan werden.

4. Die Sprache der Heilungen

Wenn wir sprechen oder einen Text vernehmen, wird die erscheinende, verlautete Seite der Sprache durch innere Aktivität ergänzt. Beim Sprechen (oder Schreiben) wird durch die innere Aktivität das Erscheinende bestimmt; beim Hören oder Lesen führt das Erscheinende durch die innere Aktivität zum Verstehen. In beiden Fällen passen die zwei Seiten der Sprache zueinander, etwa wie ein strukturierter Teil eines Kreises zum umgebenden Feld. Der *schraffierte Teil* kann die Erscheinung, d.h. die Zeichen (Worte und Grammatik), symbolisieren, die weiße Fläche die entsprechende ergänzende innere Aktivität.[17] Je nach Sprache kann der erscheinende Teil kleiner oder größer sein, der ergänzende Bedeutungsteil entsprechend

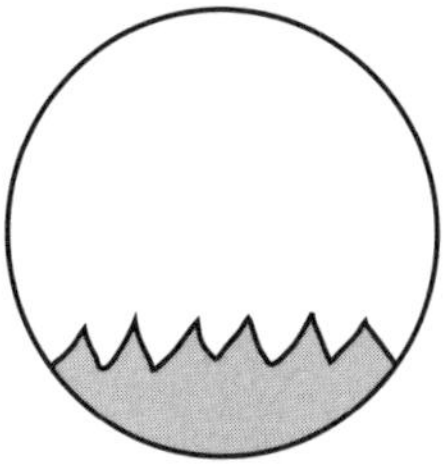

größer oder kleiner. Die wortkargen und grammatikalisch einfachen Sprachen verlangen eine tiefere intuitive innere Tätigkeit. Der Extremfall wäre die zeichenlose stumme Ursprache, die Urkommunikation, wo die Wesen selber Kommunikation sind in der geistigen Welt, wo es keine Zeichen gibt, sondern nur Bedeutungen «ausgetauscht» werden; Bedeutungen immerhin höherer Art, als unsere Begrifflichkeiten es sind. Zwei Texte von Steiner beschreiben einerseits die Art der Kommunikation in der geistigen Welt, andererseits die Sprache des Herrn bei den Heilungen.

«Und nun denken Sie sich: Das, was der Mensch ausspricht, was in das flüchtige Wort übergeht, das würde zugleich wie ein Sich-selber-Aussprechen des Menschen sein, sein Wesen und zugleich seine Offenbarung – dann haben

Sie das, wie sich die Menschen in der Mitte zwischen Tod und neuer Geburt, ihr eigenes Wesen unterscheidend und sich offenbarend, begegnen. Wort begegnet dem Wort, artikuliertes Wort begegnet dem artikulierten Worte, innerlich belebtes Wort begegnet dem innerlich belebten Worte. Aber die Menschen sind ja die Worte, ihr Zusammenklingen ist Zusammenklingen des artikulierten Wortwesens. Da leben die Menschen so, dass Undurchlässigkeit nicht da ist: Da leben die Menschen wirklich miteinander, und es geht das eine Wort, das der eine Mensch ist, in dem anderen Worte, das der andere Mensch ist, auf. Da werden jene schicksalsmäßigen Zusammenhänge gebildet, die dann in der Nachwirkung für das folgende Erdenleben bleiben und die sich so äußern, dass die Menschen, wenn sie sich begegnen, zusammenkommen und gewissermaßen Sympathie und Antipathie fühlen. Dann ist dieses Fühlen der Abglanz dessen, als was sich die Menschen im Geisterlande in der Mitte zwischen Tod und neuer Geburt angesprochen haben. So haben wir miteinander geredet, die wir selber die Rede waren, wie wir uns jetzt auf der Erde nur im schattenhaften Abbilde des Gefühles wiederum finden» (*Der übersinnliche Mensch, anthroposophisch erfasst*, GA 231, 14.11.1923).

Was in der geistigen Welt das SEIN ist, wird auf Erden überbewusste Fähigkeit; denn auch die Kommunikation durch Zeichen urständet im Überbewussten: die Geburt dessen, was man sagen will, das Finden der Worte und die Tätigkeit der Sprachorgane.

Über die Sprache der Heilungen sagt Steiner:

«Äußerlich musste sich der Christus-Jesus so ausdrücken, wie es in der Sprache derer, die ihm zuhörten, war; aber was er als innerliches Wort vor seiner Seele hatte, das war so, dass es nicht stimmte mit dem, wie die Sprachworte äußerlich geprägt sind, sondern dass es in sich hatte die verlorene Worteskraft, die undifferenzierte Sprachkraft. Und ohne dass man sich eine Vorstellung bildet von dieser von den einzelnen differenzierten Sprachen unabhängigen Kraft, die im Menschen ist, wenn das Wort ihn ganz durchgeistigt, kann man nicht aufsteigen zu der Kraft, die in dem Christus lebte, und auch nicht zu der Bedeutung desjenigen, was eigentlich gemeint ist, wenn geradezu von dem Christus als von dem ‹Wort› gesprochen wird, mit dem er sich ganz identifiziert hat, durch das er wirkte, durch das er seine Heilungen und die Dämonen-Austreibungen bewirkte. Dieses Wort musste selbstverständlich verloren gehen; denn das liegt in der Entwicklung der Menschheit seit dem Mysterium von Golgatha. Es muss nur wieder gesucht werden, dieses Wort. Aber zunächst sind wir in einer Entwicklung darinnen, die noch nicht sehr viel Aussicht erweckt, dass man den Weg zurückfinden wird» (*Bausteine zu einer Erkenntnis des Mysteriums von Golgatha,* GA 175, 10.4.1917).

Wir müssen unterscheiden zwischen der undifferenzierten Sprachkraft und der zeichenlosen Kommunikation, durch die Bedeutungen unvermittelt wahrgenommen werden können. Im Falle des Kleinkindes beim Spracherwerb sind die Bedeutungen im Bewusstsein des Erwachsenen in einer bestimmten Sprache formuliert. Die «undifferenzierte Sprachkraft», das innere Wort, war aber beim Herrn nicht die Ergänzung der Zeichen-Bedeutungen, die zu einer bestimmten Sprache gehörten, sondern es war die schöpferische Ursprache, die noch nicht in die Zeichen und Bedeutungen einer bestimmten Sprache aufgebrochen ist. Dadurch gewinnt die Formel in seiner Rede «(ich) sage dir» einen außergewöhnlichen Sinn.

10. Besinnung: Wann wirkt ein Text wie automatisch im Alltagsleben?
22. Meditation: Gesunden ist Gesund-Wachsen.
23. Meditation: Worte schützen das Denken vor dem Verfließen.
24. Meditation: In der geistigen Welt ist nichts zwischen den Wesen.

Wenn wir sagten: Deine Sünden sind vergeben, so würde der also Angesprochene nicht viel in Bezug auf eine Veränderung in seinem Wesen wahrnehmen können. Er müsste selber in seinem Meditieren einen solchen Satz zur Wirklichkeit machen, falls ihm das möglich ist. Das wäre die Bedingung zum Geheiltwerden: das Sich-Erheben aus dem «Fleisch» in die eigene Geistigkeit, die ungetrennt von der des Herrn ist. Das Wort eines Eingeweihten (wie Moses oder Bodhidarma) könnte den Prozess erleichtern, durch das erhöhte Bewusstsein des Sprechenden, nicht durch die Lautgestalt, die erklingt, sondern durch die Anwesenheit, durch das Da-Sein des Sprechenden hinter den Zeichen. Das heißt, die Zeichen sind in diesem Fall voll, sie werden in ihrer Urbedeutung gesprochen und vernommen, nicht in einer ihrer angewandten, alltäglichen Bedeutungen. Spricht der Herr, der inkarnierte Logos, der in der undifferenzierten Sprachkraft lebt und mit ihr identisch ist, also Gottes schöpferisches Wort, so geschieht die Erhebung des Bewusstseins wiederum nicht durch das Vernehmen der erklingenden Zeichen, sondern durch die Anwesenheit, Ausstrahlung (Gloria, DOXA, Herrlichkeit) des Logoswesens: Der Satz wird verwirklicht. Und damit die Heilung: Die Fähigkeit, nach dem individuellen – durch Worte nicht ausdrückbaren – Sinn des Lebens zu leben, wird wiederhergestellt. Wie durch einen momentanen Aufenthalt im Paradies, vor dem Sündenfall. Im Christlichen geschieht das selbstbewusst, im höheren Bewusstsein des Selbst; da ist dieses Paradies das Reich der Himmel oder Gottes.

25. Meditation: Das Reich Gottes kann nur nach der Vertreibung aus dem Paradies gesehen werden.

V. Die Heilungen aus der Sicht der Anthroposophie

1. Einführung

Um die Heilungen im Neuen Testament zu «verstehen» (d.h. ihren inneren Ablauf verfolgen zu können; wirklich verstehen kann man sie nur durch Meditieren), muss die «vereinfachte» und unter den Lesern des Werkes Steiners populär gewordene menschenkundliche Gestalt weitgehend differenzierter beschrieben und erkannt werden. Das Schema «physischer Leib, Äther- bzw. Lebensleib, Astralleib, Ich» kommt vor allem dadurch zustande, dass Steiner unter diesen Wörtern je nach Kontext durchaus Verschiedenes meint. Gleichwohl ist die feinere Unterscheidung z.B. des astralischen Menschen und des Astralleibes schon früh (GA 45) zu finden, oft gebraucht er den Ausdruck «Leib» auch für die aus den «Leibern» frei gewordenen oder überhaupt nie in Formen gebundenen Kräfte.

In Bezug auf «Leiber» und auch sonst werden oft räumliche Bilder gebraucht und Ausdrücke, in denen räumliche Verhältnisse angedeutet sind. An wichtigen Stellen jedoch wird gemahnt, wer sich der geistigen Welt nähern wolle, müsse bereit sein, sich neue, von der sinnlichen Welt verschiedene Vorstellungen zu erwerben, so z.B. im

Nachwort 1918 zu *Die Schwelle der geistigen Welt* (s. A1 = Anhang 1).

Die dritte Frage, die erwähnt werden muss, betrifft die Doppelgestalt des Menschen. *Die Schwelle der geistigen Welt* wie auch die noch früheren Vorträge in *Grundelemente der Esoterik* (GA 93 a)[A2] zeigen, dass dies von Anfang an zu Steiners Sicht gehört hat. Alle Wesensglieder sind zweiteilig, das geistige Wesen des Menschen, die Quelle seiner geistigen Qualitäten auf Erden, bleibt auch während des Erdenlebens, bildlich ausgedrückt, in der geistigen Welt, und nur ein «Ausschnitt» vom ganzen Menschen wird auf Erden erfahrbar, eigentlich ein Spiegelbild des «oberen» Menschen, der weiterhin im Geistigen lebt.[A3]

Das vierte Problem ist die wechselnde Ausdrucksweise Steiners bei der Beschreibung des Verhältnisses zwischen dem «Ätherischen» und dem «Astralischen»: Jegliche scharfe Unterscheidung kann zu Missverständnissen führen. Schon in *Theosophie* (GA 9, Kap. «Das Wesen des Menschen», IV), heißt es: «Man kann auch sagen: ein Teil des Ätherleibes sei feiner als der übrige, und dieser feinere Teil des Ätherleibes bildet eine Einheit mit der Empfindungsseele, während der gröbere Teil eine Art Einheit mit dem physischen Leib bildet.»[A4]

Die scheinbaren Widersprüche in Steiners Texten sind meistens leicht auflösbar, wenn man in Betracht zieht, dass er nie eine durchgehende, konsequente Terminologie verwendet hat: Er rechnet mit dem Verstehen aus dem Kontext, nicht mit einem Haften an Wörtern.

2. Der obere Mensch und die freien Kräfte

Das Motto könnte sein: «Es soll die geistige Welt hier als die obere, die Sinneswelt als die untere bezeichnet werden» (GA 17, IV). Damit rücken wir nahe an die Ausdrucksweise des Johannes in seinem Evangelium heran: «von oben» und «von unten», wie in Kap. II.1. besprochen. Der Mensch besteht aus einer oberen und einer unteren Dreiheit; beide existieren nach der Geburt, und die Aufgabe oder das Bestreben des unteren Menschen ist, die obere Dreiheit nach und nach bewusst zu machen, bewusst zu erleben, denn sie ist als die überbewusste Wesenheit des Menschen zunächst gegeben. Im Hinblick auf den oberen Menschen wird fast immer der Ausdruck «Leib» (z.B. «Astralleib») verwendet, obwohl es sich nur um freie, d.h. formfreie Kräfte handeln kann: Der Fähigkeitsmensch – das ist der obere – kann nicht «geformt» sein, d.h. aus «Leibern» bestehen. Im Alltagsbewusstsein erfahren wir unsere Fähigkeiten nie, sondern immer nur ihre Produkte, wir erfahren zum Beispiel die Gedanken, nicht aber den Vorgang des Denkens: Über diesen wissen wir nichts.[A5]

Der obere Mensch verbindet sich mit dem unteren bei der Empfängnis und noch stärker bei der Geburt. Er besteht aus freien Willens-, Gefühls- und Lebenskräften, die dem geistigen Wesenskern in seiner Annäherung zum unteren Menschen notwendig und behilflich sind. Der untere Mensch besteht zumindest bis zur Geburt aus «Leibern», die aus denselben Kräften geformt sind, welche in dem oberen Menschen formfrei zur Verfügung stehen. Alles, was im Kind nicht vererbt ist, die kommunikativen

Körpergebärden (Blickkontakt, Lächeln, Sich-Aufrichten, das aufgerichtete Gehen, Sprechen) und die spezifisch menschlichen nicht-körperlichen Fähigkeiten, wie erkennender (nachahmender) Wille, erkennendes Fühlen, Denken, Sinneswahrnehmen, die kreativen Fähigkeiten, sind dem oberen Menschen zu verdanken, auch wenn alle diese nicht-vererbten Fähigkeiten allein in einer gesunden menschlichen Umgebung zur Wirkung kommen können. Sie werden z.B. bei Wolfskindern nicht entwickelt.

Unmittelbar nach der Geburt beginnt die Freiwerdung der Kräfte aus dem unteren Menschen, aus seinen geformten «Leibern». Aus dem Lebensleib entstehen freie Denk- und Vorstellungskräfte, aus dem Seelenleib freie (erkennende) fühlende Kräfte, aus dem physischen Leib freie Willenskräfte. Die von Steiner beschriebenen siebenjährigen Perioden oder Rhythmen sind Meilensteine auf diesem bis zum Tod dauernden Wege: Im Tod werden alle Kräfte aus den Leibern frei. Dass die spezifisch menschlichen Fähigkeiten vom oberen Menschen her den unteren durchdringen, zeigt sich u.a. darin, dass alle Fähigkeiten als solche überbewusst bleiben, ebenso wie die entsprechenden Körperbewegungen; wir wissen nicht, was die Sprachorgane beim Sprechen tun. Wir wissen natürlich auch nicht, was die Muskeln beim Tennisspielen tun, wir wissen aber, was der Arm tut und tun soll – beim Sprechen wissen wir nicht von den Bewegungen der Sprachorgane und wir brauchen es auch nicht zu wissen. Der Eigenbewegungssinn schweigt bei der kommunikativen Verwendung der Leiblichkeit, wie Mimik, Körpersprache usw.

Die oberen freien und die unteren frei werdenden Kräfte sind es, wodurch der Mensch erziehbar, selbsterziehbar, entwicklungsfähig, änderungsfähig ist, im Gegensatz zur Naturwelt.[A6]

Durch die freien Kräfte von oben und unten wachsen der obere und der untere Mensch zusammen. Die von unten frei werdenden Kräfte stehen zunächst dem oberen Geistwesen zur Verfügung. Daher geschehen alle kommunikativen Tätigkeiten durch eine geistige Spontaneität, die man auch den sanften Willen nennen kann. Die aus dem unteren Menschen frei werdenden Kräfte können die Leiblichkeit kommunikativ bewegen; für die nicht-kommunikativen Bewegungen muss das Mich-Empfinden (Autoperzeption) entwickelt werden, das die Voraussetzung für das Funktionieren jeglichen Körpersinns (Lebenssinn, Eigenbewegungssinn, Gleichgewichtssinn, Tastsinn und Wärmesinn) ist.

Um die freien Kräfte frei zu halten, müssten sie geistgemäß – als schöpferische Kräfte, Erkenntnis-, Liebes- und Intelligenzkräfte – verwendet werden. Von den sehr seltenen Auserwählten abgesehen geschieht jedoch mit den freien Kräften auch etwas anderes.

3. *Entstehung des Ich-Leibes. Das Spiegelbild*

In Kap. I.2. wurde der Ich-Leib (Anm. 2) – der untere Mensch – phänomenologisch beschrieben. Auch dieser ist eine Bewusstseinsgestaltung, also nicht einfach identisch mit der Leiblichkeit. Die Verbindung zwischen dem geistigen Wesenskern und der vererbten Leiblichkeit ist zwar schon bei der Empfängnis da, doch das Ergreifen der Leiblichkeit, sodass das Geistwesen die Leiblichkeit bewegen, sie benutzen, sich in ihr unmittelbar zeigen kann, geschieht nach der Geburt in zwei wohl unterschiedlichen Schritten. Der erste wurde im vorangehenden Kap. V.2. als der kommunikative Gebrauch der Leiblichkeit beschrieben. Die Verbindung selbst kann Aufmerksamkeit genannt werden, falls man den Begriff genügend weit fasst, sodass die Aufmerksamkeit auch als Wille, Fühlen, Denken, Wahrnehmen usw. erscheinen kann. Es findet ja keine Erfahrung und keine Aktivität, weder eine innere noch eine äußere, ohne Aufmerksamkeit statt. Die Aufmerksamkeit des Kleinkindes unterscheidet sich von der des Erwachsenen – wir betrachten hier immer den «normalen» Menschen – darin, dass der Erwachsene die Welt dualistisch erlebt: Ich bin hier und die Welt ist dort; während das Kleinkind diese Unterscheidung nur langsam erreicht, man könnte sagen: Zunächst erlebt es alles in Identität, nicht-dualistisch, und es ist fraglich, ob man das überhaupt als Erfahrung bezeichnen kann. Denn Erfahrung heißt ja: Es geschieht mit mir, in mir etwas und ich weiß davon – was bei völliger Identität zumindest fraglich ist. In Kap. I.2. wurde erwähnt, dass man beim Aufmerksamkeitsstrom eine Identitäts- und eine zeugende Komponente unterscheiden kann. Diese werden in der Geisteswissenschaft Astralität und (wahres) Ich oder Selbst genannt.[A7]

Das Fachwort «astral» bezeichnet ursprünglich die Möglichkeit oder Fähigkeit zur Identität bis zur Sternenwelt, womit nicht die physisch sichtbaren Sterne, sondern ihre geistigen Bedeutungen gemeint sind, deren Zeichen sie sind.

Der trennende «Mantel» entsteht zunächst aus der formfreien Astralität, die fähig ist, sich zu identifizieren: Ein Teil von ihr bildet die erste sinnlose Form,[A8] in die das Selbst nicht einverwoben wird. Die abgetrennte Astralität, als Form sich selber fühlend, mit sich «identifiziert», erhält als Kern des Ich-Leibes eine Ichhaftigkeit, weil sie als Spiegel für das Selbst dient. Da dieses nicht selbstbewusst ist, verwechselt es sich mit seinem Spiegelbild.[A9]

Man könnte das auch so ausdrücken: Die von oben her kommende, sich mit sich selbst identifizierende Astralität wird dadurch zu einer nicht-kommunikativen (sinnlosen) Form.[18] Es ist wie eine Karikatur des wahren Ich (Kap. I.6.), das durch die Selbsterfahrung der formfreien Aufmerksamkeit erwacht.[19] Das ist zugleich der Kern der Egoität.[A10]

4. *Die Astralität und das Ätherische*

Das Astralische und das Ätherische sind Metamorphosen des Geistwesens nach unten, damit es sich mit dem unteren Menschen verbinden kann. Von unten her gesehen wird der physische Leib lebendig und fühlend gemacht durch dieselben Entitäten, damit die Verknüpfung mit dem oberen Menschen zustandekommen kann. Man kann beobachten, wie der Empfindungsleib (Seelenleib oder im engen Sinne genommener Astralleib) das Leben des Organismus durch den Lebensleib steuert. Die Erscheinung des

Empfindungsleibes im Organismus ist das vegetative Nervensystem. Würde das Bewusstsein im Astralischen aufwachen (hätte der Mensch ein astralisches Bewusstsein), so würde er das Ätherische wahrnehmen. Anders gesagt: Die Bewusstheit des Ätherischen (des Lebensleibes, der frei gewordenen und dann auch ihre Freiheit verlierenden Lebenskräfte) liegt im Astralischen. Die freien Lebenskräfte sind Denk- und Vorstellungskräfte, nicht Gedanken und Vorstellungen, und daher als Fähigkeiten überbewusst. Das Meditieren auf der untersten Stufe wird von Steiner des öfteren «gedankenkräftiges Verhalten der Seele» genannt.[20] Man arbeitet nicht mit Gedanken (nur eventuell als Ausgangspunkt), sondern mit der formfreien Kraft des Denkens. Der Ätherleib besteht aus lebendigen geformten Lebenskräften; diese Formen sind verantwortlich für das formgerechte Wachstum und Am-Leben-Bleiben des Organismus.

Das Verhältnis zwischen dem Ätherischen und dem Astralischen wird in dem Buch *Die Schwelle der geistigen Welt* (Kap. «Bemerkungen») beschrieben.[A11] Werden Erlebnisse «objektiv» beschrieben, so können sie als elementare (ätherische) Vorgänge dargestellt werden. Beschreibt man sie als Erfahrungen, dann werden dieselben Ereignisse als in der Seelenwelt sich abspielende gezeichnet.[A12]

So wie der psychosomatische Mechanismus (durch den Empfindungsleib und auch durch den Ich-Leib) vom Empfinden des Organismus gesteuert wird, so werden die freien Lebenskräfte vom erkennenden Fühlen gelenkt: vom Fühlen der Logizität oder Evidenz.[A13] Die Wirkungsweise der Lebendigkeit hängt in jedem Fall mit dem Fühlen zusammen. Dadurch ergibt sich die Möglichkeit, dieselben Prozesse durch die erwähnten zwei Beschreibungsweisen zu schildern. Einmal wird das Lebensgeschehen (ätherisches Geschehen) beschrieben, einmal das fühlende Erfassen desselben als astralisches Geschehen.

In den Vortragszyklen über die Evangelien spricht Steiner wiederholt über die Heilungen des Herrn.[A14] Der menschenkundliche Unterschied zwischen den Menschen zur Zeit Jesu und denen unserer Zeit besteht im Wesentlichen darin, dass früher das Ätherische mit dem physischen Leib nicht völlig in Deckung war, sondern «vielmehr auf allen Seiten über den physischen Leib hinausragte», während in unserer Zeit «der Ätherleib am tiefsten hineingestiegen (ist) in den physischen Leib». Dieses Verhältnis bestimmt die Möglichkeit des seelisch-geistigen Heilens, im ersten Fall ist sie groß, im zweiten Fall sehr beschränkt. Wir müssen in Betracht ziehen, was in Anhang 1 zitiert wird, diese Ausdrücke sind symbolisch-bildlich, sie haben mit Räumlichkeit nichts zu tun, ebenso wenig wie in unserer Beschreibung der trennende «Mantel».

Das über den physischen Leib hinausragende Ätherische besteht aus freien Lebenskräften, die den Menschen nach oben, mit seinem geistigen überbewussten Teil verbinden. Durch den sich entwickelnden astralischen «Mantel» oder Ich-Leib werden diese freien Lebenskräfte «in den physischen Leib», sprich in den Mantel oder Ich-Leib, hineingepresst, diesem einverwoben und geformt, und damit geht die Verbindung nach oben und auch die Möglichkeit des Heilens von obenher verloren. Nach Steiner[A14] sind wir «hart an der Grenze, wo der Ätherleib wieder heraustritt, sich freimacht von dem physischen Leibe und mehr selbstständig wird; und indem die Menschheit der Zukunft entgegeneilt, wird der Ätherleib immer mehr und mehr herauskommen aus dem physischen Leibe ... In gewisser Weise wird aber (die seelisch-geistige Heilung) doch möglich sein, denn wir nähern uns ja jener Zukunft, in der das Geistige wiederum seine Bedeutung haben wird.» Die Phänomene der Psychosomatik und der Einfluss des Seelisch-Geistigen auch auf körperliche Krankheiten nehmen in einem sehr schnellen Tempo unübersehbar zu.

Zusammenfassung

In den Heilungen wurde der trennende Mantel momentan entfernt oder die Lebenskräfte wurden befreit und dadurch wurde eine Verbindung zum oberen Menschen geschaffen. Die Zeichen zu diesem Vorgang sind in Sätzen gegeben, wie «Deine Sünden sind vergeben» oder «Dein Glaube hat dich gerettet» – der Glaube, die unerschütterliche Gewissheit, nicht bloß, dass die Heilung geschehen wird, sondern die paradiesische Ur-Gewissheit, dass die Menschheit in einer sinnvollen, Logos-geschaffenen, letztlich von Gott gelenkten Welt lebt. Manchmal wird die Ich-Kraft des Logos betont, wie durch die Worte «Ich sage dir» oder «Ich will». Die in dem Ich-Leib gefangenen Lebenskräfte und fühlenden Kräfte werden befreit. Dadurch entsteht die Konstitution, durch welche das wahre Ich, durch die Gegenwart des Heilands wachgerufen, durch die obere Astralität und die freien Lebenskräfte von oben und von unten auf den physischen Leib wirken kann. Das Geschehen ist wie die Gestaltung der Leiblichkeit durch die formativen Kräfte nach der Empfängnis bzw. im Wachsen des Kindes nach der Geburt.

22. Meditation: Gesunden ist Gesund-Wachsen.

Anhang

Zitiert nach der in Dornach / Schweiz erschienenen Rudolf Steiner Gesamtausgabe (GA).

zu S. 91:

A1 GA 17, *Die Schwelle der geistigen Welt, Nachwort zur Neuausgabe 1918:*
«Es gibt Menschen, die gerade dadurch enttäuscht sind, dass der Geistesforscher ihnen sagen muss, wenn er sich durch Vorstellungen ausspricht, die vom sinnlichen Erleben hergenommen sind, so meine er nur Veranschaulichungen des von ihm Geschauten. Denn solche Menschen streben eigentlich nicht darnach, eine von der sinnlichen unterschiedene übersinnliche Welt kennen zu lernen, sondern sie wollen eine Art Doppelgänger der sinnlichen *als* übersinnliche Welt anerkennen. Diese übersinnliche soll feiner, ‹ätherischer› sein als die sinnliche; aber im Übrigen soll sie nur ja nicht die Anforderung erheben, auch durch andere Vorstellungen ergriffen werden zu müssen als die sinnliche. Wer aber wirklich der geistigen Welt sich nähern will, der muss sich auch dazu bequemen, neue Vorstellungen zu erwerben. Wer nur ein verdünntes, dunstartiges Abbild der sinnlichen Welt vorstellen will, der kann die übersinnliche nicht erfassen.»

A2 GA 93a, *Grundelemente der Esoterik, 16.10.1905:*
«Wenn man die menschliche Entwickelung betrachtet, wird man finden, dass fortwährend der eine Teil des Astralleibes bestrebt ist, die andere Hälfte, die niedere Natur, zu überwinden und

umgekehrt ... Auch bei dem Ätherleibe sind zwei Teile, die ineinander aufzugehen suchen ... Wenn der Mensch nun stirbt ... spaltet sich der Ätherkörper zunächst in zwei Glieder. Das eine Glied ist das, welches herstammt von der oberen Bildung und das nimmt der Mensch mit. Dagegen fällt der ganze übrige Ätherkörper ab, denn darüber kann der Mensch keine Herrschaft ausüben; das ist ihm zugefallen von außen. Darüber kann er erst eine Herrschaft ausüben, wenn er Geheimschüler geworden ist ... Der Ätherkörper besteht aus zwei Gliedern: aus dem Teile der menschlichen Natur, der damals vom Monde herübergekommen ist, und seinem Gegenpol ... Das eine ist der Pol des Tierischen, das andere der Pol des Geistigen ... den Pol des Geistigen nennt man Mentalkörper. Dazwischen ist der Astralkörper, der auch aus einer Verbindung von zweien entstanden ist ... Die höhere Natur ist ursprünglich mit dem Mentalkörper verbunden ... Eine Eigenschaft des unteren Astralkörpers ist, dass er Begierden hat. Der obere Teil hat statt dessen Hingabe, Liebe, die schenkende Tugend ...»

A3 GA 226, *Menschenwesen, Menschenschicksal und Welt-Entwickelung, 16.5.1923:*

«In Wirklichkeit sind wir mit dem Ich und dem astralischen Leibe auch während des Tagwachens nicht herausgekommen aus dem Zustande, in dem wir im vorirdischen Dasein waren ... Wir müssen uns die Idee aneignen, dass Ich und astralischer Leib überhaupt unsere Erdenentwickelung zunächst gar nicht mitmachen. Sie bleiben im Grunde zurück, bleiben stehen, wo wir sind, wenn wir uns anschicken, einen physischen und einen Ätherleib zu bekommen. Also auch im Wachen ist unser Ich und unser astralischer Leib im Momente des Anfanges unseres Erdenlebens ... Aber wir haben in dem Ich, von dem wir täglich reden, gar nicht unser wirkliches Ich vor uns, sondern unser wirkliches Ich steht am Ausgangspunkte unseres Erdenlebens. Unser physischer

Leib … spiegelt zurück, indem durch den Ätherleib die Spiegelung vermittelt wird, immer von dem betreffenden Zeitpunkt, in dem der physische Leib lebt, das Spiegelbild des wahren Ichs. Dieses Spiegelbild des wahren Ichs, das wir in jedem Augenblicke von unserem physischen Leibe zurückbekommen, das in Wahrheit von etwas herrührt, das gar nicht ins Erdendasein mitgegangen ist, sehen wir. Und dieses Spiegelbild nennen wir unser Ich … Und der Ätherleib ist das, was sich nun von der Gegenwart immer so hindehnt, wie perspektivisch, nach unserem wahren Ich und nach unserem astralischen Leib, die gar nicht in die physische Welt heruntergehen.»

GA 228, *Initiationswissenschaft und Sternenerkenntnis, 2.9.1923:*
«Unser eigentliches wahres innerliches Ich, das nehmen wir eigentlich aus der geistigen Welt gar nicht in diese physische Welt mit. Wir lassen es immer in der geistigen Welt … Wenn wir bei Tag das gegenwärtige Bewusstsein als Mensch haben und uns ein Ich nennen, so ist dieses Wort Ich der Hinweis auf etwas, was nicht in dieser physischen Welt vorhanden ist, was in dieser physischen Welt nur sein Bild hat.»

Siehe diesbezüglich auch das ganze Büchlein GA 17 sowie GA 66, 1.3.1917; GA 141, 7.1.1913.

A4 GA 96, *Ursprungsimpulse der Geisteswissenschaft, 22.10.1906:*
«Eine feste Grenze zwischen dem Äther- und dem Astralleib besteht nicht.»

zu S. 92:

A5 GA 107, *Geisteswissenschaftliche Menschenkunde, 2.11.1908:*
«Da (beim Menschen) ist es so, dass außer demjenigen Teil des Ätherleibes, der verwendet wird auf das Wachstum, auf dieselbe Entwickelung, die der Mensch auch in gewissen Grenzen eingeschlossen hat wie die Pflanze, dass außer diesem Teil sozusagen noch ein anderer Teil im Ätherleibe ist, der frei auftritt, der von vornherein keine Verwendung hat, wenn wir nicht dem Men-

schen in der Erziehung allerlei beibringen, der menschlichen Seele allerlei einfügen, was dann dieser freie Teil des Ätherleibes verarbeitet. So also ist wirklich ein durch die Natur selbst nicht verbrauchter Teil des Ätherleibes im Menschen vorhanden.»

zu S. 94:

A6 *Rilke, Initiale:*

«Aus unendlichen Sehnsüchten steigen
endliche Taten wie schwache Fontänen,
die sich zeitig und zitternd neigen.
Aber, die sich uns sonst verschweigen,
unsere fröhlichen Kräfte – zeigen
sich in diesen tanzenden Tränen.»

zu S. 95:

A7 GA 303, *Die gesunde Entwickelung des Leiblich-Physischen als Grundlage der freien Entfaltung des Seelisch-Geistigen, 29.12.1921:*

«Und das ist gerade beim Kinde in diesen zweieinhalb ersten Lebensjahren von ganz besonderer Bedeutung, dass es nicht für den fremden Willen zugänglich ist, aber dass es ein feines, instinktives Wahrnehmungsvermögen hat für alles das, was in seiner Umgebung vorgeht, insbesondere für das, was in den Personen vorgeht – wozu ja die Erzieher im ganz besonderen Maße gehören –, mit denen es in einem gewissen seelischen Rapport steht. Nicht etwa, dass der äußere Blick schon ganz besonders geschärft wäre, das ist nicht der Fall; nicht das ausgesprochene Sehen macht es aus, sondern ein Gesamtwahrnehmen intimster Art richtet sich nach dem, was in der Außenwelt um das Kind herum vorgeht, und was nicht mit der Absicht vorgeht, dass auf das Kind besonders eingewirkt werden soll … Daraus folgt aber, dass wir diese Empfänglichkeit, die noch die Wahrnehmung ganz in das Gefühl untergetaucht hat, berücksichtigen müssen …» Siehe auch A10.

zu S. 96:

A8 GA 231, *Der übersinnliche Mensch anthroposophisch erfasst, 16.11.1923:*

«Gewiss, wenn wir hier im physisch-sinnlichen Erdenleben bleiben, so sehen wir, wie nur allzu häufig das, was den besten sittlichen Impulsen entspringt, wenig Erfolge trägt, während manches, was gar nicht guten, sittlichen Impulsen entspringt, gute Erfolge davonträgt. Warum ist das so? Es ist so aus dem Grunde, weil eben diese physisch-sinnliche Welt, die wir gewissermaßen auch ‹angezogen› haben, nämlich ein Stück von ihr als das Kleid unseres Leibes, ja gar nicht sittliche Impulse enthält.»

A9 GA 187, *Wie kann die Menschheit den Christus wiederfinden?, 27.12.1918:*

«… das wirkliche Ich macht einen Stillstand, indem wir geboren werden. Dasjenige, was wir erleben als unser Ich, ist nur ein Spiegelbild des Ich. Das ist nur etwas, was das vorgeburtliche Ich in uns abspiegelt … etwas vom wirklichen Ich erleben wir nur ganz indirekt. Das, wovon die Psychologen, die so genannten, als vom Ich reden, ist nur ein Spiegelbild.»

GA 17, *Die Schwelle der geistigen Welt, S. 40 f.:*

«Insofern die elementarische und die Sinneswelt Spiegelungen der Geisteswelt sind, müssen auch der ätherische und der physisch-sinnliche Menschenleib als Spiegelungen der astralischen Wesenheit des Menschen angesehen werden … Es wird sich in den späteren Aphorismen dieser Schrift zeigen, dass auch das ‹Ich›, welches der Mensch in seinem gewöhnlichen Leben als seine Wesenheit anspricht, nicht das ‹wahre Ich› ist, sondern die Spiegelung des ‹wahren Ich› in der physisch-sinnlichen Welt. Für die ätherische Anschauung kann so die ätherische Spiegelung des astralischen Leibes zu der Illusion des ‹wahren astralischen Leibes› werden.»

A10 GA 156, *Okkultes Lesen und okkultes Hören, 5.10.1914:*
«Hier in der menschlichen Seele ist etwas darin, was sich einerseits in alle anderen Menschen und Wesen verwandeln kann, was sich auf der anderen Seite verwandeln kann in Egoismus – diese Stimmung muss man entgegenhalten können dem Kosmos, wenn man geistig hören will.»

zu S. 97:

A11 GA 17, *Die Schwelle der geistigen Welt, S. 92 f.:*
«Man ersieht aus ‹Theosophie› und ‹Geheimwissenschaft›, dass bald nach dem Ablösen des physisch-sinnlichen Leibes von der Seele mit dem Tode auch derjenige Leib von ihr abgelöst wird, welcher in dieser Schrift der ätherische genannt ist. Die Seele lebt dann zunächst in der Wesenheit, welche hier als der astralische Leib bezeichnet ist. Der ätherische Leib verwandelt sich nach seiner Ablösung von der Seele innerhalb der elementarischen Welt. Er geht in die Wesenheiten über, welche diese elementarische Welt bilden. Bei dieser Verwandlung des ätherischen Leibes ist die Seele des Menschen nicht mehr dabei. Wohl aber erlebt die Seele *als ihre Außenwelt* nach dem Tode die Vorgänge dieser elementarischen Welt. Dieses Erleben der elementarischen Welt *von außen* ist in ‹Theosophie› und in ‹Geheimwissenschaft› als Durchgang der Seele durch die Seelenwelt geschildert. Man wird sich also vorstellen müssen, dass diese Seelenwelt die gleiche ist mit der, welche hier, vom Gesichtspunkte des übersinnlichen Bewusstsein aus, die elementarische genannt wird.» Siehe das ganze Kapitel «Bemerkungen».

A12 Als Beispiel: GA 107, *Geisteswissenschaftliche Menschenkunde,* 15.2.1909: Christus in der astralischen (üblicherweise in der ätherischen) Sphäre:
«Diese Wesenheit, die erst im Beginne unserer Zeitrechnung mit unserer Erde in Berührung gekommen ist, drei Jahre verkörpert war in einem fleischlichen Leib, seit jener Zeit mit der astralen

Sphäre, also mit der geistigen Sphäre unserer übersinnlichen Welt in Verbindung steht, diese Wesenheit ist als avatarische Wesenheit von einer ganz einzigartigen Bedeutung ... Dieser schlichte sächsische Seelsorger, der diese Dichtung (Heliand) geschrieben hat, hatte aus unmittelbarer hellseherischer Anschauung die Gewissheit: Der Christus ist vorhanden auf dem astralischen Plan.»

A13 GA 59, *28.10.1909:*

«Logisches Denken kann zunächst nicht bewiesen werden durch logisches Denken, sondern lediglich durch das Gefühl, und alles, was Logik ist, wird zunächst bewiesen durch das Gefühl, durch das untrügliche, in der menschlichen Seele befindliche Wahrheitsgefühl. So sieht man an diesem klassischen Beispiel, dass Logik selber das Gefühl zur Grundlage hat, dass das Gefühl die Grundlage abgibt für das Denken.»

zu S. 98:

A14 GA 123, *Das Matthäus-Evangelium, 9.9.1910:*

«Aber wie sehr es auch heute angezweifelt werden mag, so war es doch – selbst noch bis in die Zeiten des Christus hinein – so, dass zum Beispiel Heilungsprozesse vollzogen werden konnten, indem man den Menschen hellseherisch machte. Für die heutige Zeit, wo die Menschen tiefer hinuntergestiegen sind auf den physischen Plan, ist das ja nicht mehr möglich. Damals aber war die Seele noch leicht anzugreifen, sodass sie durch bestimmte Prozeduren hellseherisch gemacht werden konnte und sich hineinlebte in die geistige Welt. Und da die geistige Welt ein gesundendes Element ist und gesundende Kräfte bis in die physische Welt schickt, so war damit eine Möglichkeit gegeben, Heilungen einzuleiten.»

10.9.1910:

«Auf den menschlichen Leib hatte damals die Kraft der Seele, die Kraft des Geistes noch einen viel größeren, sozusagen momentanen Einfluss als später, wo der Leib dichter geworden ist ... Daher war es damals in viel größerem Maße möglich, zu heilen von der Seele aus ... Sie (die Heiler) reinigten die Seele und durchsetzten sie mit gesunden Empfindungen, Impulsen und Willenskräften durch die geistig-seelischen Einflüsse, die sie ausüben konnten, sei es im gewöhnlichen Zustande der physischen Wahrnehmung, sei es in dem so genannten Tempelschlaf oder dergleichen, was ja auch für die damalige Zeit nichts anderes war als eine Art Versetzen des Menschen in einen hellseherischen Zustand ... Ein Mensch, der also im Sinne der damaligen Zeit gesprochen hätte, würde gesagt haben: Es gibt Menschen, die den Zutritt haben zu den Mysterien, die mit einer gewissen Opferung ihres Ich-Bewusstseins in den Mysterien sich in Verbindung setzen können mit gewissen geistig-seelischen Kräften, die dann ausstrahlen auf die Umgebung, wodurch sie zu Heilern werden für die Umgebung ... Das aber ist das Bedeutungsvolle, dass der Schreiber des Matthäus-Evangeliums erzählt: Da ist einer, der eine neue Wesenskraft in die Menschheit gebracht hat, der aus dem Impuls seines Ich, aus dem man früher nicht heilen konnte, Heilungen vollzog, indem er dieselbe Kraft dabei heranzog, mit Hilfe derer man früher nicht heilen konnte.»

GA 114, *Das Lukas-Evangelium, 24.9.1909:*

«In dieser Zeit (altindische Kultur), als noch der Ätherleib viel mehr auf allen Seiten über den physischen Leib hinausragte und mit diesem noch nicht so dicht verbunden war, wie das heute der Fall ist, da hatte auch noch alles, was seelische Kräfte und Eigenschaften des Menschen sind, eine größere Gewalt über den physischen Leib. Aber je mehr der Ätherleib hineindrang, desto schwächer wurde er und desto weniger Macht hatte er über den physischen Leib ... In unserer Zeit ist der Ätherleib am tiefsten hineingestiegen in den physischen Leib, ist am meisten mit den Tatsachen des physischen Leibes verbunden. Wir sind heute hart an der Grenze, wo der Ätherleib wieder heraustritt, sich freimacht von dem physischen Leibe und mehr selbstständig wird; und indem die Menschheit der Zukunft entgegeneilt, wird der Ätherleib immer mehr und mehr herauskommen aus dem physischen Leibe ... Beim (alt-)indischen Leib ist der Ätherleib noch verhältnismäßig frei, und die Seele kann Kräfte entfalten, die in den physischen Leib hineinwirken. Der Ätherleib nimmt die Kräfte der Seele auf, weil er noch nicht so an den physischen Leib gebunden ist; dafür aber beherrscht er auch mehr den physischen Leib, und die Folge davon ist, dass die Wirkungen, die in dieser Zeit auf die Seele ausgeübt werden, in ungeheurem Maße auch auf den Leib wirken ... Heute ist also nicht möglich, so unmittelbar auf die Seele des Menschen zu wirken, dass das auch wirklich bis in seine ganze physische Organisation hineindringt. Nicht unmittelbar ist das möglich. In gewisser Weise wird es aber doch möglich sein, denn wir nähern uns ja jener Zukunft, in der das Geistige wiederum seine Bedeutung haben wird.»

Anmerkungen

Die Bibelzitate folgen in der Regel der Übersetzung von Martin Luther.

1 (S. 17). Siehe Maurice Merleau-Ponty, *The Primacy of Perception,* Northwestern University Press, 1964; Chap. «The Child's Relation with Others»: «... The perception of others is made comprehensible if one supposes that psychogenesis begins in a state when the child is unaware of himself and the other as different beings. We cannot say that in such a state the child has a genuine communication with others. In order that there be communication, there must be a sharp distinction between one who communicates and the one with whom he communicates. But there is initially a state of precommunication (Max Scheler), wherein the others intentions somehow play across my body while my intentions play across his ... There is first a phase which we call pre-communication, in which there is not one individual over against another but rather an anonymous collectivity, an undifferentiated group life (vie à plusieurs) ... To tell the truth, it seems that the first forms of reaction to others described by Guillaume (*L'imitation chez l'enfant*, Paris, 1925) are not connected with a visual perception of others; they correspond, rather, to the data of introceptivity ...»

Was hier «precommunication» genannt wird, ist die zeichenlose direkte Kommunikation; auch alle anderen Züge der frühen Kindheit sind erwähnt.

2 (S. 18) Rudolf Steiner über den Ich-Leib: GA 16, *Ein Weg zur Selbsterkenntnis des Menschen,* VI. Meditation. «Das Gewebe von Erinnerungsvorstellungen, das man nunmehr als sein früheres ‹Ich› anschaut, kann man den ‹Ich-Leib› oder auch ‹Gedanken-Leib› nennen.» GA 34, *Luzifer-Gnosis,* Die Erziehung des Kindes: «Der Träger der hier geschilderten Fähigkeit (zu sich selber ‹Ich› zu sagen) ist nun der ‹Ich-Leib›, das vierte Glied der menschlichen Wesenheit.» GA 60, *Antworten der Geisteswissenschaft auf die großen Fragen des Daseins,* 10.11.1910: «Beim Menschen aber sprechen wir davon, dass dieser Astralleib noch durchdrungen ist von einem Ich-Leib.» GA 96, *Ursprungsimpulse der Geisteswissenschaft,* 19.10.1906: «Wenn drei weitere Planeten absolviert werden, dann wird der Ich-Leib des Menschen so weit sein, wie heute der physische Leib ist.» In GA 283, *Das Wesen des Musikalischen und das Tonerlebnis,* 26.11.1906 wird unter «Ich-Leib» etwas ganz anderes verstanden – ein Beispiel für das Fehlen einer konsequenten Terminologie.

3 (S. 27) Georg Kühlewind, *Sternkinder,* Stuttgart [5]2002; Henning Köhler, *War Michel aus Lönneberga aufmerksamkeitsgestört?,* Stuttgart [2]2002; Henning Köhler, *Was haben wir nur falsch gemacht?,* Stuttgart 2000.

4 (S. 27) Kühlewind, *Aufmerksamkeit und Hingabe,* Stuttgart [2]2002, Kap. 13 und 18.

5 (S. 29) Sohn (Söhne) des Lichtes: Lk 16,8; J 12,36; Epheser 5,8; 1 Thessalonicher 5,5. «Sohn» bedeutet meistens den, der vom «Vater» zeugen kann; so «Gottes Sohn», der von Gott zeugen kann.

6 (S. 29) *The Zen Teaching of Bodhidarma,* Chap. «Bloodstream Sermon», North Point Press 1989.

7 (S. 36) Kühlewind, *Die Erneuerung des Hl. Geistes,* Stuttgart 1992, Kap. «Taufe».

8 (S. 37) Kühlewind, *Der sanfte Wille,* Stuttgart [3]2001, Kap. III.

9 (S. 48) Ebd., Kap. III, Übungen 35 und 36.

10 (S. 49) S. Anm. 4.

11 (S. 50) S. Anm. 8, Kap. I., Übungen 7, 8 und 9.

12 (S. 50) Kühlewind, *Vom Normalen zum Gesunden,* Stuttgart ^{5}1995, Kap. 3.4.; *Aufmerksamkeit und Hingabe,* Kap. 18.

13 (S. 51) «Eudokia» heißt hier «richtiges Verstehen»; siehe Kühlewind, *Weihnachten,* Stuttgart ^{3}1999, Kap. «Und Friede auf Erden».

14 (S. 64) Zu «Haus» s. Kühlewind, *Das Gewahrwerden des Logos,* Stuttgart ^{2}1990, Kap. 8.

15 (S. 66) Zur «Unverborgenheit» s. Kühlewind, *Das Gewahrwerden des Logos,* Kap. 10, und ders., *Das Reich Gottes,* Stuttgart 1994, Kap. «Unverborgenheit».

16 (S. 80) S. *Das Gewahrwerden des Logos,* Kap. 5.

17 (S. 85) *Die Erneuerung des Hl. Geistes,* Kap. «Die Sprachen und die Sprache»; Kap. «Heilendes und pfingstliches Sprechen».

18 (S. 96) S. *Aufmerksamkeit und Hingabe,* Kap. 6.-8.

19 (S. 96) *Der sanfte Wille,* 9. und 17. Übung; Zwischenbemerkung S. 80.

20 (S. 97) Steiner, *Von der Initiation,* GA 138, 28.08.1912; *Der Hüter der Schwelle,* VIII. Bild, in: *Vier Mysteriendramen,* GA 14; *Kunst- und Kunsterkenntnis,* GA 271, 05.05.1918. Über geistige Erfahrung: «Es leben sich gerade Fühlen und Wollen so aus, dass sie wie objektive, gedankenkräftige Wesen vor die menschliche Seele treten, indem der Rest von Wahrnehmen und Vorstellen, der sonst im Fühlen und Wollen unbeachtet blieb, zur Offenbarung kommt, fähig wird, sich in die Geisteswelt hinzustellen.»

247

Charlotta

Henriette

zweite Septemberhälfte